KARTOFFELN

DIE GU KÜCHENBIBLIOTHEK

KARTOFFELN

DIE GU KÜCHENBIBLIOTHEK

Rezeptfotos: Michael Brauner
Fotos Warenkunde und Küchentechnik: Michael Brauner / Studio Teubner

Rezepte:
Cornelia Adam
Marianne Kaltenbach
Martina Kittler
Gudrun Ruschitzka

Warenkunde und Küchentechnik: Annette Heisch

Inhalt

6 Wegweiser zum richtigen Rezept

Die perfekte Kartoffelküche und die herausragenden Qualitäten der aromatischen Knolle. Und: Alle Rezepte mit Zubereitungszeit, Nährwerten und besonderen Eigenschaften übersichtlich in einer Tabelle

14 Warenkunde

Die wichtigsten Kartoffelsorten in Steckbriefen und Fotos. Und: Welche Kartoffel eignet sich für welche Zubereitungsart am besten?

18 Küchentechnik

Über den guten Umgang mit der vielseitigen Kartoffel: Alles über Vor- und Zubereiten und die wichtigsten Grundrezepte mit vielen Tips und Tricks

28 Suppen und Vorspeisen

Cremiges aus dem Suppentopf und tolle Spezialitäten als Auftakt eines Menüs. Rezepte, die leicht gelingen. Für jeden Tag und für Gäste

46 Aus dem Topf

Vom Eintopf bis zu feinen Steinpilzgnocchi mit Tomatensugo: Hauptgerichte mit Fisch und Fleisch, vegetarisch oder süß – ganz einfach zuzubereiten

68 Aus der Pfanne

Knusprig und appetitlich gebräunt: Puffer und Rösti, Tortilla und Tiroler Gröstl. Tolle Gerichte zum Sattessen; Kartoffelvielfalt, originell präsentiert

92 Aus dem Ofen

Einfaches vom Blech, raffiniert gefüllte Spezialitäten oder bunt gemischte Köstlichkeiten. Gut vorzubereiten und problemlos im Ofen zu backen. Dazu: ein süßer Kuchen und ein Strudel

114 Beilagen und Salate

Würzige Kartoffeln als ideale Begleiter zu Fleisch und Fisch. Bunte Salate als Imbiß, Beilage oder für die Party. Preiswert und schnell

140 Register und Küchendolmetscher

Feinschmecker und Ernährungswissenschaftler singen gleichermaßen ihr Loblied. Die Kartoffel, die ursprünglich aus den Anden Südamerikas stammt und zu den Nachtschattengewächsen zählt, enthält nicht nur jede Menge wertvoller Nährstoffe. Auf unterschiedlichste Art und Weise zubereitet, solo oder kombiniert mit Gemüse, Fisch oder Fleisch verspricht sie auch höchsten kulinarischen Genuß. Die Inkas wußten die Vorteile der Kartoffel bereits vor über 2000 Jahren zu schätzen. In Europa fristete sie ihr Dasein zunächst als Zierpflanze. Erst in der zweiten Hälfte des 18. Jahrhunderts nahm die Geschichte der Kartoffel auf Europas Tischen ihren Lauf: Sie war die Retterin in vielen Hungersnöten, die Sattmacherin auf den Tischen der Armen und die Beilage auf der reichen Tafel. Als Dickmacherin geriet sie unter Diätgestreßten in Verruf. Zu Unrecht, denn heute ist man sich einig: Die Kartoffel schmeckt, ist kalorienarm und gesund.

Kartoffeln in unserer Ernährung

Kartoffeleiweiß kann vom menschlichen Körper besonders gut verwertet werden. Mit Ei kombiniert ist es sogar wertvoller als das Fleischeiweiß.

Hauptnährstoffe und Kalorien

Kartoffeln zählen zu den wichtigen Grundnahrungsmitteln und das mit gutem Grund. Sie bestehen zu etwa 18 % aus **Kohlenhydraten.** Als sogenannte komplexe Kohlenhydrate in Form von Stärke sind sie der Energielieferant Nr. 1. Der Stärkegehalt schwankt je nach Kartoffelsorte und -alter. Mehligkochende Typen und gelagerte Kartoffeln sind am stärkereichsten. Festkochende Typen und junge Kartoffeln haben einen etwas geringeren Stärkeanteil. Der Gehalt an **Eiweiß** fällt mit etwa 2 % zwar mengenmäßig nicht allzusehr ins Gewicht, es handelt sich jedoch dabei um biologisch hochwertiges Eiweiß, das vom Körper besonders gut verwertet werden kann. **Fett** befindet sich in der Knolle nur in geringsten Spuren. So kommt es, daß Kartoffeln nur etwa 70 **Kalorien** pro 100 g liefern. Rechnet man mit einer Kartoffelportion von 250 g, nimmt man damit gerade mal 175 Kalorien zu sich. Von wegen Dickmacher! Der günstige Kalorienwert bezieht sich auf Pellkartoffeln. Bratkartoffeln und Pommes frites enthalten wegen des zugegebenen Fettes mehr Kalorien, wie Sie aus unserer Tabelle auf Seite 26 entnehmen können.

Geizen Sie mit Salz! Kochsalz enthält Natrium, das dem günstigen Effekt des Kaliums entgegenwirkt. Würzen Sie Kartoffelgerichte verschwenderisch mit Kräutern. Petersilie, Schnittlauch und Majoran passen geschmacklich gut dazu und liefern zusätzlich Mineralstoffe und Vitamine.

Mineralstoffe und Vitamine

Die gelb-braune Knolle wirkt äußerlich recht unscheinbar, ihre wahren Werte verbergen sich im Innern und da strotzt sie nur so vor wertvollen Nährstoffen. Unter den Mineralstoffen ist vor allem der Gehalt an **Kalium** hervorzuheben. Es sorgt für einen ausgeglichenen Säure-Basen-Haushalt im Körper und wirkt entwässernd. Weitere wichtige Mineralien und Spurenelemente in der Kartoffel sind **Calcium, Magnesium** und **Eisen.** Bei den Vitaminen steht an erster Stelle das **Vitamin C** mit 17 mg/100 g. Mit einer Kartoffelportion von 250 g deckt man seinen Tagesbedarf von 75 mg bereits zur Hälfte. Allerdings baut sich das Vitamin C während der Lagerung ab. Junge Kartoffeln sind also reicher an Vitamin C als gelagerte. Weitere wertvolle Vitamine in der Kartoffel: Die Vitamine B1, B2 und B6. Ein großer Teil der Vitamine und Mineralstoffe sitzt direkt unter der Schale. Deshalb wird von Ernährungswissenschaftlern immer wieder empfohlen, die Kartoffeln in der Schale als Pellkartoffeln zu garen. Bei jungen Kartoffeln mit sehr dünner Schale können Sie die Schale gleich mitessen.

Kartoffeln in unserer Küche

Zum Lagern eignen sich erst die Kartoffeln, die ab Mitte August geerntet werden. Bis dahin sind Frühkartoffeln auf dem Markt, die Sie jung genießen sollten, am besten mit zartem Sommergemüse.

Die Nährstoffe bleiben beim Garen mit Schale in wenig Wasser am besten erhalten. Die Garflüssigkeit von geschälten Kartoffeln mitverwenden. Tip: kleine Mengen in der Mikrowelle, größere Mengen im Schnellkochtopf garen.

Kartoffeln sollten möglichst unversehrt und ohne Keimansätze und grüne Stellen sein. Kartoffeln direkt vom Bauern sind im Gegensatz zu solchen aus dem Supermarkt ungewaschen und von ungleichmäßigerer Größe. Für die eigene Einkellerung eignen sich nur ungewaschene Kartoffeln. Wer Platz hat, sortiert seinen Vorrat nach Sorten und Größen. Nutzen Sie das vielfältige Angebot und probieren Sie auch mal unbekanntere Sorten aus, es lohnt sich.

Vitamine und Nährstoffe sind äußerst empfindlich und können bei unsachgemäßer Behandlung leiden. Am gesündesten sind Pellkartoffeln im Dampf gegart. Falls die Kartoffeln geschält werden, verwenden Sie einen Sparschäler und schälen die Schale damit möglichst dünn ab, denn darunter befinden sich jede Menge Nährstoffe. Geschälte Kartoffeln nur kurz abbrausen und niemals im Wasser liegen lassen, sonst laugen sie aus. Gegarte Kartoffeln nicht warm halten, denn sie verlieren dabei nicht nur Vitamine, sondern auch Geschmack. Sollten Sie einmal auf die Idee kommen, Kartoffeln roh probieren zu wollen, sei Ihnen dringend davon abgeraten. Kartoffeln müssen gegart werden, damit sie für den Menschen verdaulich und genießbar sind. Rohe Kartoffeln enthalten giftige Proteine, die im Körper des Menschen die Eiweißverdauung blockieren. Beim Erhitzen werden diese toxischen Proteine zerstört. Die Stärke wird durch das Erhitzen verdaulich gemacht.

Der GU-Wegweiser zum richtigen Rezept

Damit Sie für jede Gelegenheit das passende Kartoffelgericht finden, folgt auf den nächsten Seiten der Wegweiser zum richtigen Rezept. Er enthält alle wichtigen Informationen über die Gerichte samt ihren Eigenschaften und erschließt Ihnen die Vielfalt des Buches auf einen Blick.
Dazu wurde jedes Rezept geprüft, klassifiziert und mit Wertmarken wie »Gelingt leicht«, »Preiswert« oder »Vegetarisch« versehen. Da die meisten Rezepte mehrere Eigenschaften haben, und jeder Wertmarke eine Farbe zugeordnet ist, ist eine richtig bunte und informative Tabelle entstanden.
Die jeweils wichtigste Wertmarke, die das Gericht am besten charakterisiert, finden Sie farblich hervorgehoben auf den Rezeptseiten wieder.

Die Zeit
Viele der Kartoffelgerichte machen kaum Arbeit und auch die Zubereitung braucht nicht viel Zeit. Allerdings fällt schon allein durch die Garzeit eine gewisse Minutenzahl an. Aus diesem Grunde haben wir bei diesem Thema alle Gerichte, die nicht länger als 45 Minuten für Zubereiten und Garen benötigen, in der Tabelle beim Stichwort **Schnell** mit einer Markierung versehen.
Ebenfalls unter dem Zeitaspekt ist es interessant, ob Gerichte gut vorzubereiten sind. Bei allen Rezepten mit der Wertmarke **Läßt sich gut vorbereiten** können die Kartoffeln am Abend zuvor, morgens oder mehrere Stunden vor dem Fertigstellen gekocht werden und auch einige andere Handgriffe im Vorhinein erledigt werden, so daß man vor dem Essen selbst nicht mehr viel zu tun hat.

Die Kalorien
Zu jedem Kartoffelgericht erfahren Sie den Kaloriengehalt pro Person (die meisten Rezepte sind für 4 Personen, manche auch für 6) und den Fettgehalt in Gramm pro Portion. Vorspeisen, Suppen und Beilagen bis 200 Kalorien pro Portion und Hauptgerichte und Salate bis 400 Kalorien pro Portion, die meist auch eine Hauptmahlzeit ersetzen, haben von uns die Wertmarke **Für die schlanke Linie** bekommen. Wenn Sie eine schlanke Woche einlegen möchten, können Sie sich mit Hilfe der Tabelle leicht einen Wochenplan zusammenstellen.

Der Schwierigkeitsgrad
Alles, was problemlos auch Anfängern und solchen, die nicht viel Übung haben, von der Hand geht, hat die Wertmarke **Gelingt leicht** bekommen. Ganz wenige Gerichte in diesem Buch sind etwas schwieriger zuzubereiten. Sie wurden mit der Wertmarke **Für Geübte** versehen. Selbstverständlich sind auch sie von weniger Geübten nachzukochen; sie erfordern einfach etwas mehr Konzentration – durch eine besondere Zubereitungsart oder nicht ganz alltägliche Zutaten.

Weitere Eigenschaften
Kartoffeln genießt man in vielen Ländern der Welt. Deshalb ist bei besonderen Gerichten aus fremden Ländern wie Italien, Spanien, Frankreich oder Vietnam die Herkunft angegeben. Sie finden sie unter der Rubrik **Spezialität aus…**
Interessante Gerichte, deren Zutaten den Geldbeutel kaum belasten, sind unter der Rubrik **Preiswert** zu finden. Außerdem finden Sie auf einen Blick alle Gerichte, die ohne Fleisch und Fisch auskommen, unter dem Stichwort **Vegetarisch.**

Der besondere Anlaß
Mit dem Vermerk **für Gäste** sind Rezepte versehen, die nicht alltäglich sind. Einige davon sind etwas aufwendiger in der Zubereitung, für andere brauchen Sie besondere Zutaten, aber viele lassen sich gut vorbereiten und gelingen leicht. Eines haben sie in jedem Fall gemeinsam: Das Ergebnis ist beeindruckend.

Unendlich viele Kombinationsmöglichkeiten
Nun sehen Sie schon, daß es wichtig ist, mehrere Eigenschaften der Kartoffelgerichte zu kennen, um das richtige für jeden Anlaß auszuwählen. Manchmal braucht man eben ein **schnelles** Rezept, das **preiswert** ist, oder eines, das sich ganz leicht **vorbereiten läßt** und **vegetarisch** ist.

Das besondere Rezept !

Einige Rezepte des Buches haben wir als besondere Rezepte hervorgehoben. Anhand dieser Beispiele wird erklärt, welche Eigenschaften dieses Rezept zu einem Gästerezept machen, warum ein anderes leicht gelingt und warum das dritte so schnell ist. Dazu gibt es Tips, wie es noch feiner, noch schneller, noch praktischer wird.
Die besonderen Rezepte sind im Buch leicht zu finden, der Text steht auf einer gelben Seite.

GU-WEGWEISER ZUM RICHTIGEN REZEPT

Seite	Rezept	Zubereitungs-zeit	Kalorien pro Portion	Fett pro Portion	Für die schlanke L
	SUPPEN UND VORSPEISEN				
30	**Crème Vichyssoise**	**1 Std. (+ 3–4 Std.)**	**310**	**19 g**	
30	**Kalte Kartoffelsuppe mit Brunnenkresse**	**45 Min. (+ 3–4 Std.)**	**330**	**12 g**	
31	**Kartoffelsuppe mit Steinpilzen**	**1 Std. (+ 1 Std.)**	**455**	**31 g**	
32	**Vogtländische Kartoffelsuppe mit Würstchen**	**1 1/2 Std.**	**620**	**35 g**	
33	**Grüne Kartoffelsuppe**	**55 Min.**	**425**	**19 g**	
34	**Kartoffelcremesuppe mit Zuckerschoten und Garnelen**	**50 Min.**	**540**	**27 g**	
35	**Kartoffelsuppe mit Lachs**	**50 Min.**	**530**	**24 g**	
36	**Kartoffel-Paprika-Suppe mit Avocado**	**1 Std. 10 Min.**	**300**	**19 g**	
37	**Tomaten-Kartoffel-Suppe**	**1 Std.**	**295**	**17 g**	
38	**Kartoffel-Obazda**	**40 Min.**	**475**	**19 g**	
38	**Kartoffel-Knoblauch-Creme**	**30 Min.**	**185**	**11 g**	
39	**Kartoffel-Tapa mit scharfer Tomatensauce**	**40 Min.**	**215**	**11 g**	
41	**Kräuter-Kartoffel-Soufflés auf Tomatensauce**	**2 Std.**	**260**	**10 g**	
42	**Rösti mit Pfifferlingen**	**45 Min.**	**370**	**14 g**	
43	**Kartoffelpfännchen mit Ziegenkäse**	**1 1/4 Std.**	**445**	**34 g**	
44	**Grüne Spargel-Tortilla mit Garnelen**	**1 Std.**	**270**	**14 g**	
45	**Kartoffelgaletten mit Räucherlachs**	**30 Min.**	**170**	**9 g**	
	AUS DEM TOPF				
48	**Frühlingskartoffeln mit Quark**	**30 Min.**	**415**	**12 g**	
48	**Neue Kartoffeln mit Kräutercreme**	**30 Min.**	**430**	**26 g**	
49	**Grünes Kartoffel-Gemüse-Ragout**	**45 Min.**	**445**	**23 g**	
50	**Kartoffeleintopf mit Lamm**	**1 1/2 Std.**	**630**	**33 g**	
51	**Ungarisches Kartoffelgulasch**	**1 Std.**	**725**	**49 g**	
52	**Scharfes Kartoffel-Auberginen-Gemüse**	**1 Std.**	**530**	**37 g**	
53	**Safrankartoffeln mit Fisch**	**1 1/2 Std.**	**485**	**10 g**	
54	**Kartoffeln nach Marseiller Art**	**55 Min.**	**425**	**10 g**	
55	**Kartoffel-Lamm-Ragout mit Fenchel**	**1 Std.**	**600**	**31 g**	
56	**Kartoffel-Masala-Curry**	**45 Min.**	**220**	**3 g**	
57	**Würziger Kartoffeltopf mit Linsen**	**1 1/2 Std.**	**600**	**18 g**	
58	**Aargauer Topf**	**1 Std.**	**910**	**67 g**	
59	**Nordischer Kartoffeleintopf**	**1 Std. 20 Min.**	**445**	**7 g**	
60	**Pichelsteiner**	**2 1/2 Std.**	**590**	**30 g**	
61	**Bayerische Knödel mit Kraut**	**1 1/2 Std.**	**685**	**42 g**	
62	**Steinpilz-Gnocchi mit Tomatensugo**	**2 Std.**	**345**	**9 g**	
63	**Südtiroler Knödelchen in Salbeibutter**	**1 Std. (+ 45 Min.)**	**570**	**29 g**	
65	**Böhmische Zwetschgenknödel**	**1 1/2 Std.**	**850**	**39 g**	
66	**Powidltascherln**	**1 1/2 Std.**	**425**	**19 g**	
67	**Mohnnudeln**	**1 1/2 Std.**	**590**	**32 g**	

Gelingt leicht	Schnell	Preiswert	Für Geübte	Läßt sich gut vorbereiten	Für Gäste	Vegetarisch	Spezialität aus
■				■			Frankreich
■		■		■	■	■	
■				■	■		
		■					Deutschland
■		■			■		
■					■		
■					■		
					■		
■		■			■		Bayern
	■	■		■		■	
■	■	■		■		■	Griechenland
	■			■	■	■	Spanien
		■			■	■	
	■				■		Schweiz
■					■	■	Frankreich
					■		Spanien
■	■				■		
■	■	■		■		■	
■	■			■		■	
■	■					■	
■		■		■			
■		■					Ungarn
■					■	■	
					■		
■							Frankreich
■					■		
	■	■				■	Indien
■		■			■		Indien
■		■					Schweiz
		■					
■		■		■			Deutschland
		■	■				Bayern
				■		■	Italien
■		■		■		■	Südtirol
■		■				■	Böhmen
		■	■	■		■	Böhmen
		■		■		■	

GU-WEGWEISER ZUM RICHTIGEN REZEPT

Seite	Rezept	Zubereitungs-zeit	Kalorien pro Portion	Fett pro Portion	Für die schlanke Li
	AUS DER PFANNE				
70	Kartoffelpfanne mit Champignons	1 Std.	200	6 g	
71	Kartoffelpfanne mit Hühnerbrust und Spinat	1 Std.	320	13 g	
72	Spanische Kartoffelpfanne	1 Std.	310	15 g	
72	Korsische Kartoffelpfanne	50 Min.	385	24 g	
73	Babyartischocken-Kartoffelpfanne	1 1/4 Std.	370	17 g	
74	Tiroler Gröstl	30 Min.	575	37 g	
75	Himmel und Erde	1 Std.	820	51 g	
76	Kartoffelpuffer	50 Min.	280	5 g	
77	Kleine Zucchini-Kartoffel-Puffer	45 Min.	145	4 g	
77	Kartoffel-Zwiebel-Puffer mit Lachs	40 Min.	305	12 g	
77	Gefüllte Puffer	1 Std.	340	13 g	
78	Kartoffelpuffer mit Apfel, Zwiebel und Schnittlauchsauce	1 Std.	475	31 g	
79	Möhren-Rösti	40 Min.	230	9 g	
81	Rösti klassisch	1 Std.	230	10 g	
82	Kartoffel-Wurst-Omelett	1 Std.	540	41 g	
83	Kartoffelküchlein mit Salat	1 1/4 Std.	640	33 g	
84	Kartoffeltortilla mit Paprika und Hackfleischsauce	1 Std.	765	33 g	
85	Gefüllte Kartoffelcrêpes	1 1/4 Std. (+ 30 Min.)	485	35 g	
86	Kartoffel-Piroschki mit Pilzen	2 Std.	540	26 g	
87	Fritierte Süßkartoffelbällchen	1 1/4 Std.	435	25 g	
89	Schupfnudeln	1 1/2 Std. (+ 24 Std.)	615	36 g	
90	Kartoffeln nach Bündner Art	45 Min. (+ 1–2 Tage)	690	41 g	
91	Kartoffeln aus dem Wok	50 Min.	395	22 g	
	AUS DEM OFEN				
94	Kartoffel-Hackfleisch-Auflauf	1 1/2 Std.	545	24 g	
95	Provenzalischer Kartoffelauflauf	2 3/4 Std.	915	62 g	
96	Kartoffel-Fisch-Auflauf mit Spinat	1 Std. 20 Min.	585	40 g	
97	Kartoffel-Möhren-Gratin mit Sesamsahne	1 1/2 Std.	450	34 g	
97	Kartoffel-Schalotten-Gratin	1 Std.	515	29 g	
98	Kartoffel-Tomaten-Gratin	1 1/2 Std.	300	13 g	
99	Sauerkrautgratin mit Geflügel	1 1/4 Std.	395	16 g	
100	Kartoffel-Zucchini-Moussaka	2 3/4 Std.	605	28 g	
101	Savoyer Käsekartoffeln	1 1/2 Std.	685	53 g	
102	Gefüllte Kartoffeln	1 1/2 Std.	495	10 g	
103	Kartoffeln mit Spinat und Käse	1 1/2 Std.	420	15 g	
103	Kartoffeln mit Räucherlachs	1 1/4 Std.	370	11 g	
103	Kartoffeln mit Wirsing	1 1/4 Std.	930	54 g	
104	Baked Potatoes mit grüner Sauce	2 Std.	630	52 g	

Gelingt leicht	Schnell	Preiswert	Für Geübte	Läßt sich gut vorbereiten	Für Gäste	Vegetarisch	Spezialität aus
■		■		■		■	
■		■		■			
■		■				■	Spanien
■				■		■	Frankreich
			■		■	■	
■	■	■		■			Österreich
■		■		■			
■		■				■	
■	■	■				■	
■	■						
		■				■	
		■				■	
■	■	■				■	
		■		■		■	Schweiz
		■		■			
		■					
■		■		■	■		Spanien
					■	■	
			■		■	■	Rußland
			■		■		Vietnam
		■		■		■	
		■		■		■	Schweiz
■					■		Vietnam
■		■					
■				■	■		Frankreich
■		■					
■						■	
■						■	
		■			■	■	
■		■		■			
					■		Griechenland
■					■		Frankreich
		■		■			
■		■		■		■	
■					■		
■		■		■			
■				■		■	Nordamerika

GU-WEGWEISER ZUM RICHTIGEN REZEPT

Seite	Rezept	Zubereitungszeit	Kalorien pro Portion	Fett pro Portion	Für die schlanke Li
105	Kartoffel-Hähnchen mit Raki	2 Std.	510	19 g	
107	Kartoffelstrudel mit Artischocken	1 1/2 Std. (+ 1 Std.)	690	42 g	
108	Kartoffel-Lauch-Kuchen	1 1/2 Std.	825	57 g	
109	Kartoffelpizza mit Thunfisch	1 3/4 Std.	660	32 g	
110	Kartoffel-Speck-Kuchen	1 3/4 Std.	505	30 g	
111	Kartoffelplotz	1 1/2 Std.	340	19 g	■
112	Kartoffelkuchen vom Blech	1 Std. (+ 1 Std.)	260	13 g	■
113	Kartoffelstrudel mit Kirschen	1 1/2 Std.	715	20 g	
	BEILAGEN UND SALATE				
116	Dillkartoffeln	45 Min.	215	10 g	
117	Béchamelkartoffeln	1 Std.	575	35 g	
118	Safrankartoffeln	1 Std.	465	25 g	
118	Gegrillte Pfefferkartoffeln	30 Min.	180	10 g	■
119	Kanarische Salzkartoffeln mit roter Mojo	35 Min.	235	11 g	
120	Bratkartoffeln	1 Std.	180	10 g	■
121	Provenzalische Kartoffeln	35 Min.	200	11 g	■
121	Rosmarinkartoffeln	45 Min.	175	10 g	■
121	Jägerkartoffeln	50 Min.	210	11 g	
122	Kartoffelplätzchen	1 Std.	290	21 g	
123	Kräuterkartoffeln vom Blech	1 Std.	420	34 g	
124	Kartoffelpüree mit Schnittlauch	35 Min.	320	15 g	
125	Endivien-Kartoffel-Püree	35 Min.	500	35 g	
125	Rotes Paprika-Kartoffel-Püree	35 Min.	325	23 g	
125	Würziges Kartoffelpüree	45 Min.	235	7 g	
126	Pommes frites	45 Min.	290	17 g	
127	Kroketten nach Großmutterart	1 Std.	400	27 g	
128	Kartoffelgratin	1 1/4 Std.	540	33 g	
129	Karamelisierte Kartoffeln	50 Min.	360	13 g	
131	Thüringer Klöße	1 1/2 Std.	145	2 g	
132	Kartoffel-Gurken-Salat	30 Min. (+ 2 Std.)	340	15 g	
132	Klassischer Kartoffelsalat	45 Min. (+ 30 Min.)	390	24 g	
133	Deftiger Kartoffelsalat mit Radieschen	45 Min.	520	28 g	
134	Kartoffel-Pilz-Salat	1 1/4 Std.	320	15 g	
135	Kartoffelsalat mit Brunnenkresse und Ei	1 1/4 Std.	200	5 g	■
136	Kartoffel-Tintenfisch-Salat	1 Std. 40 Min.	545	26 g	
137	Kartoffel-Thunfisch-Salat	35 Min.	220	9 g	
138	Kräuter-Kartoffel-Salat	45 Min.	315	15 g	
138	Kartoffelsalat mit Joghurt	1 Std.	235	5 g	■
139	Kartoffelsalat mit Rucola, Avocado und Shrimps	45 Min.	375	19 g	

Gelingt leicht	Schnell	Preiswert	Für Geübte	Läßt sich gut vorbereiten	Für Gäste	Vegetarisch	Spezialität aus
■		■			■		Türkei
			■			■	
■		■			■		
				■	■		
■		■					
■		■			■	■	
■		■		■			
		■	■		■		
■	■	■		■		■	
■		■				■	Frankreich
			■		■		
	■					■	
	■	■		■		■	Spanien
		■		■		■	
■	■				■	■	Frankreich
■	■	■				■	
					■	■	
		■				■	
■		■				■	
■	■	■				■	
■	■	■			■		Holland
■	■				■	■	
■	■				■	■	Indien
■	■	■			■	■	
		■		■		■	
■		■			■	■	
		■	■		■	■	Skandinavien
		■	■		■	■	Thüringen
■	■	■		■		■	
■		■		■			
■	■						
■		■			■		Polen
				■	■		
■	■	■		■	■		
■	■					■	
						■	
■	■				■		

WARENKUNDE

In Deutschland gibt es über 130 verschiedene Kartoffelsorten. Die bedeutendsten stellen wir Ihnen hier vor. Außerdem: Welche Kartoffel eignet sich für welches Gericht, worauf müssen Sie beim Kauf achten, wann hat welche Knolle Saison?

Qualitätsmerkmale: Egal, wo Sie die Kartoffeln kaufen, achten Sie stets auf die gute Qualität der Knollen: Sie sollen fest und unbeschädigt sein, keine runzeligen oder feuchten Stellen und auch keine grünen Flecken oder Keimansätze haben.

Einkauf und Lagerung: Bereits beim Einkauf sollten Sie überlegen, für welches Gericht Sie die Kartoffeln verwenden wollen, denn danach richtet sich der Kochtyp. Man unterscheidet je nach Stärkegehalt zwischen festkochenden, vorwiegend festkochenden und mehligkochenden Sorten. Mehr darüber erfahren Sie ab Seite 15. Die Lagerungsmöglichkeiten sind vom Erntezeitpunkt abhängig. Frühe Kartoffeln, die bis Mitte August geerntet werden, sind nicht lagerfähig und sollten möglichst innerhalb von 4 Wochen aufgebraucht werden. Die mittelfrühen und späten Sorten hingegen eignen sich zum Lagern und halten sich bei guten Bedingungen 6–8 Monate. Außerdem: Gewaschene Kartoffeln eignen sich nicht zum langen Lagern! Ob kurz- oder langfristig, so lagern Kartoffeln optimal: Trocken, dunkel, luftig, bei Temperaturen von 4–8°. Zu warm gelagerte Knollen schrumpeln und treiben aus, zu kalt gelagerte werden süßlich, da sich die Stärke in Zucker umwandelt. Deshalb Kartoffeln auch nicht im Kühlschrank lagern und nicht roh einfrieren. In Plastiksäcken gekaufte Kartoffeln zu Hause auspacken. Denn in Plastik schwitzen sie und verderben rasch. Für den kleinen Vorrat in der Küche werden spezielle Kartoffeltöpfe aus Ton mit Luftlöchern angeboten. Aber auch in Papier-, Jute- oder Gittersäcken halten sie sich kurzfristig. Größere Mengen in Kisten oder speziellen Horden im Vorratsraum oder Keller lagern, dabei abdecken (nicht mit Folie), damit sie vor Licht geschützt sind. Wichtig: Falls Sie verschiedene Sorten haben, mischen Sie diese nicht. Am besten mit dem entsprechenden Kochtyp beschriften.

FESTKOCHENDE KARTOFFELN

Sie werden häufig auch unter den Namen Salat- oder Speckkartoffeln gehandelt. Die typischen Eigenschaften der festkochenden Kartoffeln: Sie haben eine feste, kernige Konsistenz und behalten auch nach dem Kochen ihre stabile Struktur. Als Pellkartoffeln gegart springen sie nicht auf, ihre Garzeit kann im Vergleich zu mehligkochenden Kartoffeln etwas länger sein. Dieser Kartoffeltyp hat von allen Kartoffeln den geringsten Stärkegehalt, dafür steckt etwas mehr Eiweiß und Wasser drin. Festkochende Kartoffeln werden hauptsächlich von Juli bis Ende September geerntet und sind zu 90% länglich geformt.
Verwendung: Für alle Kartoffelgerichte, bei denen dünne, feste Scheiben zum Einsatz kommen. Sie sind also ideal für Kartoffelsalat, aber auch für Bratkartoffeln, Gratins, Rösti und Pellkartoffeln mit Biß.

Alle Kartoffeln, die ab dem 1. Januar verkauft werden, dürfen seit einigen Jahren unter der Bezeichnung Neue Kartoffeln verkauft werden. Bei vielen handelt es sich allerdings um sogenannte Bisestile, also Kartoffeln, die in der Erde überwintert haben. Die ersten echten Frühkartoffeln kommen etwa Mitte März in den Handel.

Frühe Sorten

Hauptsaison: Anfang Juli bis Mitte August, Importe ab Januar
Lagerung: Etwa 4 Wochen

Cilena
Man erkennt sie an der länglichen schönen Birnenform sowie an der ockergelben Schale. Die Fleischfarbe ist tiefgelb. Zum späteren Zeitpunkt geerntet ist sie auch als Lagerkartoffel bis ins nächste Frühjahr erhältlich.

Forelle
Die gleichmäßig ovale Kartoffel zeichnet sich durch einen besonders kräftigen Geschmack aus. In Süddeutschland ist sie allerdings kaum im Handel.

Sieglinde

Sieglinde
Die Form ist oval, die Fleischfarbe gelb. Sieglinde ist nicht nur in Deutschland wegen ihres feinmilden Geschmacks sehr beliebt, auch in Italien zählt sie zu den wichtigsten Kartoffelsorten. Bereits Anfang Mai kommt sie als Importware aus Sizilien.

Mittelfrühe Sorten

Hauptsaison: Mitte August bis Mitte September, sonst als Lagerkartoffeln zu kaufen
Lagerung: Für die Einkellerung geeignet

Bamberger Hörnchen
Eine besondere Kartoffelspezialität mit ausgezeichnetem Geschmack. Man erkennt sie an der extrem schlanken, gelegentlich bizarr erscheinenden Form. Bamberger Hörnchen zählen zu den teuersten und eher selten angebotenen Kartoffelsorten. Bratkartoffeln aus »Bamberger Hörndl« sind ein Festessen. In Frankreich ist seit einigen Jahren die Sorte **Ratte** im Handel, die dem Bamberger Hörnchen sehr ähnlich ist. Vereinzelt bekommt man sie bei uns im Feinkosthandel.

Bamberger Hörnchen sind eine köstliche Kartoffelrarität. Wer sie entdeckt, sollte sofort zugreifen!

Exquisa
Langovale, besonders große Knollen, die meist gekrümmt sind. Die Schale ist gelblich und glatt.

Hansa
Die langovale Kartoffel mit ockergelber Schale hat gelbes Fleisch. Eine Besonderheit der Kartoffel ist, daß ihre Konsistenz nach der Ernte manchmal noch nicht gleichmäßig fest ist. Hansa zählt vor allem in Norddeutschland zu den gängigsten Kartoffelsorten. Sie ist besonders gut lagerfähig und bis Juni aus der Vorjahresernte erhältlich.

Ratte

Linda
Die langovale Knolle mit gelblicher Schale und dunkelgelbem Fleisch ist besonders delikat, sie stellt bei Anbau und Lagerung hohe Ansprüche. Häufig kommt sie aus ökologischem Anbau.

Nicola
Langovale Knollen mit hellgelber, glatter Schale und gelbem Fleisch. Nicola gehört zu den gängigen Kartoffelsorten und ist bis Februar aus der heimischen Vorjahresernte erhältlich. Häufig kommt sie ab Januar bereits als Importware aus Marokko oder Zypern. Nicola gibt es auch aus Bioanbau.

Die Sorte Nicola ist bei der Lagerung besonders kälteempfindlich. Nicht unter 6° lagern.

Selma
Längliche, leicht gekrümmte Kartoffel mit hellgelber, glatter Schale. Die Fleischfarbe ist dunkelgelb. Selma ist vor allem in Bayern beliebt.

Außer den hier vorgestellten Sorten gehört **Punika** zum festkochenden Typ.

VORWIEGEND FESTKOCHENDE KARTOFFELN

Dieser Kartoffeltyp wird beim Kochen mittelfest und springt als Pellkartoffel gegart nur wenig auf. Die Konsistenz ist mäßig feucht und feinkörnig. Vorwiegend festkochende Kartoffeln könnte man am ehesten als Allround-Kartoffeln bezeichnen. Wer sich nicht unterschiedliche Kochtypen zulegen möchte, sollte sich für diesen Typ entscheiden.

Verwendung: Vor allem für Gerichte, in denen Kartoffeln eine Rolle als Beilage spielen. Als Salz- und Pellkartoffeln schmecken sie genauso wie als Bratkartoffeln oder Pommes frites. Aber auch für Folienkartoffeln und Gratins sind sie bestens geeignet.

Frühe Sorten

Hauptsaison: Anfang Juni bis Mitte Juli
Lagerung: Etwa 4 Wochen

Christa

Länglich-ovale Kartoffel mit gelblicher Schale und ausgeprägtem Kartoffelgeschmack. Christa gibt es als Speisefrühkartoffel, sie wird aber auch im September geerntet und ist dann bis Ende Dezember im Handel.

Gloria ist die perfekte Begleitung zu Spargelgerichten, weil sie zur selben Zeit angeboten wird und mit ihrer tiefgelben Farbe hübsch zum weißen Spargel aussieht.

Gloria

Die Form ist langoval, die Schale gelb und glatt. Diese Kartoffel zählt zwar zu den vorwiegend festkochenden, sie ist aber von ihrer Festigkeit her den festkochenden sehr ähnlich.

Spunta

Die kleinen bis mittelgroßen länglichovalen Kartoffeln kommen hauptsächlich als Importkartoffeln zu uns. Die ersten Frühkartoffeln erreichen uns schon im Januar aus Sizilien. Weitere Lieferungen kommen aus Frankreich, Belgien und Zypern. Der Geschmack der Spunta ist mild und nicht sehr ausgeprägt.

Mittelfrühe Sorten

Hauptsaison: Mitte August bis Ende September
Lagerung: Für die Einkellerung geeignet

Granola

Désirée

Das Besondere an der rund bis oval geformten Désirée ist die rötliche Farbe der Schale. Vor allem als Pellkartoffel serviert schmeckt sie nicht nur gut, sondern sieht auch schön aus. Es gibt sie auch aus Bioanbau.

Grata

Rund-ovale Knolle mit goldgelbem, festem Fleisch. Gängige Kartoffelsorte mit einem ausgezeichneten kräftigen Kartoffelgeschmack.

Granola

Die Knollen sind rundoval geformt. Die Schale ist bräunlich und rauh, die Fleischfarbe gelb. Granola erweist sich als besonders gut lagerfähig und wird sehr häufig angeboten.

Liu zählt zu den alten Kartoffelsorten aus Ost-Deutschland, wird aber leider selten angeboten.

Liu

Eine besonders aromatische Kartoffel mit kräftigem Geschmack aus den neuen Bundesländern. Die Schale der runden Knolle ist gelblich, die Fleischfarbe hellgelb.

Quarta

Rundlich bis ovale Knollen mit hellgelber, genetzter Schale. Besonderes Erkennungsmal: Die Augen sind rötlich. Quarta eignet sich besonders gut als Folienkartoffel im Backofen oder auf dem Grill.

Solara

Die Form ist rund bis oval, die Schale glatt und gelb. Besondere Eigenschaft: Die rohe Kartoffel verfärbt sich nach dem Schälen nur sehr langsam.

Außer den genannten Sorten gehören folgende noch zum vorwiegend festkochenden Typ: **Agria, Anni, Arkula, Atica, Berba, Bettina, Cinja, Clivia, Dobra, Grandifolia, Hela, Jetta, Karat, Lyra, Palma, Pamir, Rikea, Rita, Rosara, Roxy, Secura, Solina, Ukama.**

MEHLIGKOCHENDE KARTOFFELN

Die Nachfrage nach mehligkochenden Sorten geht allgemein immer mehr zurück, vor allem in Norddeutschland werden sie kaum verkauft. Daher sind nicht mehr viele Sorten im Handel und extrem mehlige Sorten, wie man sie beispielsweise für Klöße früher meist verwendet hat, findet man kaum. Sie zeichnen sich durch einen besonders hohen Stärkegehalt aus. Mehligkochende Kartoffeln haben die dickste Schale, als Pellkartoffel gegart, springt diese auf. Als Salzkartoffeln zubereitet, werden mehlige Kartoffeln oft sehr trocken. Mehligkochende Kartoffeln gibt es nur als mittelfrühe und späte Sorte.
Verwendung: Der mehlige Typ ist ideal für Püree, Knödel, Suppen, Eintopfgerichte und Kroketten.

Die meisten mehligkochenden Kartoffeln sind im Gegensatz zu den festkochenden Typen rund geformt.

Mittelfrühe Sorten

Hauptsaison: Mitte August bis Mitte September, sonst als Lagerkartoffeln zu kaufen
Lagerung: Für die Einkellerung geeignet

Bintje
Diese Kartoffel findet man äußerst häufig in unseren Supermärkten, sie ist die gängigste mehligkochende Sorte. Die Bintje stammt aus Holland, die italienische **Margerita** stammt von ihr ab. Sie ist oval geformt und klein bis mittelgroß. Ihre Schale ist im Gegensatz zu anderen mehligkochenden Kartoffeln eher dünn.

Späte Sorten

Hauptsaison: Mitte September bis Ende Oktober, sonst als Lagerkartoffeln zu kaufen
Lagerung: Für die Einkellerung geeignet

Aula
Rund-ovale Kartoffel mit gelbem bis dunkelgelbem Fleisch und angenehm kräftigem Geschmack. Beim Kochen kann die Fleischfarbe noch etwas nachdunkeln. Aula gibt es auch aus Bioanbau.

Datura
Eine eher seltene Sorte, die hauptsächlich in Süddeutschland angeboten wird. Datura ist rundoval, schmeckt kräftig und behält auch längere Zeit nach dem Kochen die schöne gelbe Fleischfarbe.

Weitere mehligkochende Sorten sind **Adretta, Ilona, Irmgard, Likaria** und **Primura.**

Exotische Knollen

Batate
Sie heißen auch Süßkartoffeln oder »Sweet Potatoes« und wachsen in den Tropen und Subtropen, vereinzelt auch in Spanien und Portugal. Botanisch gesehen haben sie mit den Kartoffeln nichts zu tun. Sie gehören zur Famile der Windengewächse. Bataten bilden große, längliche und stärkereiche Knollen, die meist von einer rötlichen dünnen Rinde umgeben sind. Das Fleisch ist mehlig und süß, die Farbe kann gelblich oder weiß sein. Verwendung: Bataten kann man ähnlich wie unsere Kartoffeln geschält oder ungeschält kochen, backen, rösten oder braten, besonders fein sind sie glasiert. Beliebte Gewürze sind Zimt, Muskatnuß oder Piment.

Bataten

Yamswurzel
Sie werden häufig mit den Bataten verwechselt und sind das Hauptnahrungsmittel in Westafrika und in der Karibik. Die langen Knollen mit der holzigen braunen Schale und weißem feuchten Fleisch schmecken süßlich. Verwendung: Wie Kartoffeln oder Bataten verwenden: schälen, vierteln und mit kaltem Wasser aufsetzen, 20 Min. garen. Als Salat oder wie Bratkartoffeln zubereiten oder als Beilage servieren.

Topinambur
Sie heißen auch Erdbirne oder Erdartischocke, ihr Geschmack erinnert tatsächlich an Artischocken. Die kleinen Knollen werden inzwischen in ganz Deutschland angebaut. Verwendung: Ungeschält mit kaltem Wasser bedeckt aufsetzen. 20 Min. bei mittlerer Hitze kochen. Dann schälen und in Scheiben schneiden. Wie Bratkartoffeln braten oder mit Vinaigrette als Salat servieren. Oder geschält und gewürfelt (in Zitronenwasser legen, damit sie sich nicht verfärben) 15 Min. in Wasser garen und wie Püree zubereiten.

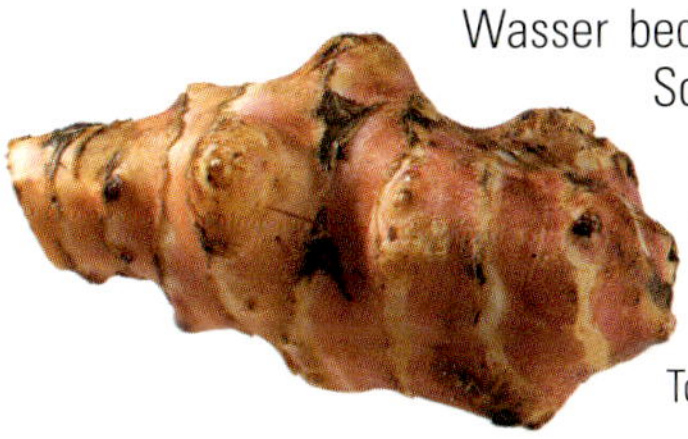
Topinambur

KÜCHENTECHNIK

Warum müssen die grünen Stellen an der Kartoffel entfernt werden? Wie werden die Nährstoffe am besten geschont? Auf den nächsten Seiten dreht sich alles um die alltägliche Küchenpraxis der Knolle. Sie erfahren jede Menge Tips und Tricks vom Waschen über das Garen von Pellkartoffeln bis hin zur Zubereitung von Klößen, Kroketten und Co.

Waschen

Kartoffeln aus dem Supermarkt sind meist vorgewaschen. Sie können direkt geschält und anschließend kurz unter fließendem Wasser abgebraust werden. Kartoffeln, die in der Schale gegart werden, sollten unter fließendem Wasser gebürstet werden, besonders gründlich dann, wenn sie mit der Schale verzehrt werden, zum Beispiel bei neuen Kartoffeln. Hierfür eignet sich eine **Gemüsebürste** oder eine normale stabile Haushaltsbürste.

Wer Kartoffeln direkt vom Bauern oder vom Wochenmarkt bezieht, muß die Knollen in der Regel gründlicher waschen. In diesem Fall Wasser ins Spülbecken laufen lassen und die Kartoffeln mit der Gemüsebürste gründlich sauber schrubben.
Haben die Kartoffeln bereits ausgetrieben, müssen die Triebe entfernt werden. Einfach herauszupfen.

Tip
Die Kartoffeln keinesfalls lange im Wasser liegen lassen. Nicht auf Vorrat waschen oder Triebe entfernen, sondern nur die Menge vorbereiten, die gerade gebraucht wird.

Schälen und putzen

Zum Schälen von rohen Kartoffeln verwendet man am besten einen **Spar- oder Pendelschäler.** Der Pendelschäler hat eine bewegliche Klinge und eignet sich für glatte Kartoffeln mit gleichmäßiger Schale.

Der Sparschäler hat zwei feststehende Klingen. Er eignet sich für Kartoffeln mit Auswüchsen. Beide haben eine Spitze zum Entfernen von unbrauchbaren Stellen.

Welche Stellen müssen beim Putzen entfernt werden?
Grüne Teile auf jeden Fall großzügig herausschneiden. Sie befinden sich meist in Augennähe sowie in unreifen Knollen oder solchen, die bei der Lagerung zuviel Licht bekommen haben. Solche grünen Stellen enthalten das Gift der Nachtschattengewächse, das Solanin. Dieses ist wasserlöslich und kochbeständig. Das Gift ist farblos, aber es befindet sich in der Regel in den ergrünten Teilen. Die Farbe selbst ist harmlos, sie besteht aus dem natürlichen Blattfarbstoff Chlorophyll. Zuviel Solanin schädigt die Gesundheit. Allerdings erreicht man die schädliche Menge bei normalem Kartoffelverzehr so gut wie nie. Dennoch ist Vorsicht geboten. Zum Entfernen verwenden Sie die Spitze des Sparschälers oder ein Gemüsemesser.
Schwärzliche und gräuliche Stellen hingegen sind völlig unschädlich. Sie entstehen, wenn durch Druck, Stoß oder Frost die inneren Zellwände der Kartoffel verletzt werden. Solche Stellen sind unansehnlich und sollten aus optischen Gründen entfernt werden.
Zum Schälen von gegarten Pellkartoffeln gibt es dreizinkige Gabeln zum Festhalten der gegarten Kartoffel. Das ist vor allem praktisch, wenn heiße Kartoffeln geschält werden müssen, zum Beispiel für Kartoffelsalat oder Kloßteig.

Schneiden und würfeln

Für Eintöpfe oder Suppen werden die Kartoffeln oft in dickere **Stücke** geschnitten. Hierfür große Kartoffeln längs vierteln, kleine längs halbieren und dann auf einem Brett in etwa 1 cm dicke Stücke schneiden.

Für rohe Bratkartoffeln werden die Kartoffeln oft in **Würfel** geschnitten. Hierfür die Kartoffel ein- bis zweimal (je nach Größe) längs horizontal teilen. Dann längs vertikal im Abstand von etwa 1,5 cm einschneiden. Nun quer im Abstand von 1,5 cm in Würfel schneiden.
Für Salzkartoffeln sind **Schnitze** sehr beliebt. Hierfür die Kartoffeln einfach längs vierteln.
Das geeignete Werkzeug zum Zerkleinern der Kartoffel: Ein **Gemüse- oder Kartoffelmesser** mit einer geraden, spitzen und dünnen Klinge.

VORBEREITEN UND ZERKLEINERN

Für Gratins werden die rohen Kartoffeln in dünne Scheiben geschnitten. Das geht am schnellsten mit dem entsprechenden Einsatz für Scheiben in der **Küchenmaschine.** Wer keine hat, verwendet einen stabilen **Gemüsehobel.**

Scheiben aus gekochten Kartoffeln schneidet man am besten von Hand mit einem kleinen Gemüsemesser.

Pommes frites schneiden

Geschälte Kartoffeln längs horizontal in 1 cm dicke Scheiben schneiden, anschließend längs vertikal in Stifte teilen. Etwa 1 cm dicke Stifte schneidet man für Pommes frites, feine Stifte heißen Julienne.

Für Pommes frites gibt es spezielle Schneider, die von Hand betrieben werden. Das Arbeiten damit kostet einiges an Kraft, man erhält aber ganz gleichmäßige Stäbchen.

Tip
Verwenden Sie beim Zerkleinern auf Gemüsehobeln und -reiben möglichst einen Fingerschutz.

Für Julienne gibt es auch Gemüsehobel mit speziellem Einsatz. Die entsprechenden Pommes frites- oder Julienneeinsätze der Küchenmaschine erleichtern die Arbeit.
Mit einem Spezialhobel kann man hauchdünne Kartoffelscheiben mit löchrigem Waffelmuster schneiden. Die Kartoffeln müssen dafür nach jedem Schnitt so gedreht werden, daß die Rillen quer liegen. Die Scheiben werden fritiert und schmecken als Beilage oder Knabberei zwischendurch.

Reiben und raspeln

Für Kartoffelpuffer müssen rohe Kartoffeln fein geraspelt werden. Praktisch ist hierfür die **Küchenmaschine** mit dem entsprechenden Raspeleinsatz. Ansonsten eine **Kartoffelreibe** mit gezackter Lochung verwenden.

Beim Reiben und Raspeln kann sich Flüssigkeit bilden. Diese gründlich abgießen, bevor die übrigen Zutaten hinzugefügt werden.
Für Rösti werden die gegarten Kartoffeln grob geraffelt. Hierfür eine **Stiftelreibe** mit scharfkantigen Zähnen nehmen oder die Küchenmaschine einsetzen.

Pressen und stampfen

Für Kloßteige, Kroketten usw. müssen die gegarten Kartoffeln noch heiß gepreßt werden. Hierfür gibt es spezielle **Kartoffelpressen.** Sie haben einen gelochten Boden, durch den die Kartoffeln kraftvoll gedrückt werden. Als Ersatz eventuell die Spätzlepresse verwenden.

Für Kartoffelpüree werden die heißen Kartoffeln gestampft. Hierfür eignen sich am besten stabile Kartoffelstampfer aus Edelstahl.

Für das anschließende Aufschlagen des Breis benötigt man einen stabilen Schneebesen oder ein Handrührgerät mit Rührquirlen.

Wichtig
Gegarte Kartoffeln nicht im Mixer, mit dem Pürierstab oder in der Küchenmaschine zerkleinern, sonst wird die Masse zäh wie Kleister.

Salzkartoffeln

So wird´s gemacht: 1 kg vorwiegend festkochende Kartoffeln waschen, schälen und in gleichmäßige Würfel, Schnitze oder Hälften schneiden (siehe Seite 19). Kartoffeln in einen Topf geben. 1/2 TL Salz darüber streuen, so viel kaltes Wasser angießen, daß es etwa 1 cm unter den obersten Kartoffeln steht. In der Regel rechnet man etwa 1/2 l pro 1 kg Kartoffeln. Den Topf schließen und das Wasser bei starker Hitze zum Kochen bringen. Die Kartoffeln bei mittlerer Hitze etwa 20 Min. garen.
Die Garprobe machen: Hierfür

mit einem kleinen spitzen Messer in eine Kartoffel stechen. Sind die Kartoffeln gar, lassen sie sich ohne Widerstand einstechen. Das Wasser abgießen, dafür den Topfdeckel einen Spalt öffnen und mit einem gefalteten Küchentuch festhalten, damit der Deckel nicht wegrutscht und man sich die Finger nicht verbrennt.

Die Kartoffeln ohne Deckel im Topf auf der Herdplatte etwa 2 Min. ausdämpfen lassen. Dabei ein- bis zweimal den Topf hin und herrütteln.

Tips

- Die Kartoffelstücke müssen in etwa gleich groß sein, sonst haben sie unterschiedliche Garzeiten.
- Nicht zuviel Wasser nehmen, sonst werden die Nährstoffe zu sehr ausgelaugt.
- Die Kartoffeln nicht warm halten, den Vitaminen und dem Geschmack zuliebe.

Der richtige Topf

- Er sollte einen Boden mit guter Wärmeleitfähigkeit, einen sogenannten Sandwichboden, haben. Bei Töpfen guter Qualität kann die Kochstelle schon 10 Min. vor Garzeitende abgeschaltet werden. Das spart Energie.
- Der Deckel sollte gut schließen, so daß der entstehende Dampf im Topf bleibt und nicht entweicht.
- Für das Abschütten des Wassers ist wichtig, daß die Topfgriffe gut in der Hand liegen und daß der Deckel während des Abgießens gut aufliegt und nicht wegrutscht.

Kartoffelpüree

So wird´s gemacht: 1 kg mehligkochende Kartoffeln als Salzkartoffeln garen. Das Wasser abgießen und die Kartoffeln sofort noch heiß mit einem Kartoffelstampfer im Topf zerdrücken oder durch eine Kartoffelpresse drücken (siehe Seite 20).

1/4 l **heiße Milch** nach und nach mit einem Schneebesen unterrühren.

25 g weiche Butter flöckchenweise untermischen (oder schon in der heißen Milch aufgelöst dazugeben). Das Püree nun kräftig glattrühren, dafür einen stabilen Schneebesen oder die Rührquirle des elektrischen Handrührgerätes nehmen.

Das Püree mit Salz und etwas frisch gemahlener Muskatnuß würzen.

Tip

Statt Milch können Sie auch Sahne verwenden. Das Püree wird dann besonders gehalt- und geschmackvoll.

Pellkartoffeln

So wird´s gemacht: Möglichst kleine Kartoffeln (Kochtyp je nach Verwendung) gleicher Größe verwenden. Kartoffeln gründlich waschen (siehe Seite 19), dann in den Topf geben. 1/2 TL Salz und je nach Belieben 1 TL Kümmel darüber streuen. Wasser zugießen, etwa 3 cm hoch. Den Topf verschließen, das Wasser bei starker Hitze zum Kochen bringen und die Kartoffeln bei mittlerer Hitze 25-30 Min. garen.

Die Garprobe mit dem Messer machen (siehe Salzkartoffeln). Wasser abgießen, Kartoffeln im offenen Topf kurz ausdämpfen lassen.

Tips

- Die Kartoffeln im Sieb- oder Dämpfeeinsatz in den Topf geben. Das Wasser bis zur Sieboberfläche gießen. Die Kartoffeln wie oben angegeben garen. Vorteil: Alle Kartoffeln garen im Dampf und liegen nicht im Wasser, das erhält die Nährstoffe besonders gut.
- Ob mit oder ohne Siebeinsatz, zwischendurch kontrollieren, ob genügend Wasser im Topf ist.
- Beachten Sie die kürzere Garzeit bei neuen Kartoffeln, sie sind in knapp 20 Min. gar.
- Zum Schälen der heißen Kartoffeln diese auf die Pellkartoffelgabel spießen.

Der richtige Topf

Boden mit guter Wärmeleitfähigkeit und fest schließender Deckel wie bei Salzkartoffeln.

Kartoffelklöße

1 kg mehligkochende Kartoffeln in der Schale garen. Noch heiß schälen und durch die Kartoffelpresse in eine große Schüssel drücken. Etwas abkühlen lassen. 150 g Mehl, 2 Eier, 1 TL Salz, frisch gemahlenen Pfeffer und 1 Prise frisch geriebene Muskatnuß dazugeben. Alles mit einem Rührlöffel rasch zu einem glatten Teig zusammenkneten.

Den Teig auf der bemehlten Arbeitsplatte zu 2 etwa 5 cm dicken Rollen formen.

Davon je 4 Stücke abschneiden und mit bemehlten Händen zu Klößen formen.
In einem großen Topf Salzwasser zum Kochen bringen. Auf schwache Hitze zurückschalten. Die Klöße mit bemehlten Händen eventuell nochmals nachformen und mit einem Löffel in das erhitzte Wasser geben. Die Klöße darin in etwa 20 Min. gar ziehen lassen. Sind die Klöße gar, schwimmen sie oben.

Klöße herausnehmen. Das geht am besten mit einem tiefen Seihlöffel, das ist ein extratief geformter Löffel mit Löchern zum Ablaufen des Wassers. Wer einen solchen Löffel nicht hat, verwendet einen flachen Sieblöffel.

Tips

- Kartoffelteig mit Eiern stets sofort zu Klößen weiterverarbeiten, sonst kann er zu feucht werden.
- Beim Garziehen darf das Wasser keinesfalls mehr sprudelnd kochen, sonst können die Klöße platzen.
- In die Mitte jedes Knödels 1 gerösteten Brotwürfel geben.
- Frisch gehackte Petersilie oder Majoran unter den Kartoffelteig mischen.
- Die doppelte Menge Knödel zubereiten und die Hälfte davon nach dem Garen abgekühlt für den Vorrat einfrieren.
- **Kloßteig ohne Ei:**

1 kg mehligkochende Kartoffeln garen, heiß durchdrücken und vollständig abkühlen lassen, am besten über Nacht mit Frischhaltefolie bedeckt in den Kühlschrank stellen. 200 g Mehl, 1/8 l heiße Milch und 1 EL Magerquark unterkneten. Mit 1 TL Salz, frisch geriebener Muskatnuß und Pfeffer würzen. Aus dem Teig mit bemehlten Händen Klöße formen und etwa 15 Min. gar ziehen lassen.

Pellkartoffeln aus dem Schnellkochtopf

So wird´s gemacht: 1/4 l Wasser in den Topf gießen, den Siebeinsatz hineinstellen und 1 kg kleine gewaschene Kartoffeln hineingeben. Mit 1/2 TL Salz und je nach Belieben mit 1 TL Kümmel bestreuen. Den Topf vorschriftsmäßig schließen. Auf größter Hitzestufe ankochen. Etwa 1 Min. lang Dampf ausströmen lassen, dann den Kochregler auf Stufe 2 stellen. Wenn der Druckanzeiger den zweiten Ring erreicht hat, die Hitzezufuhr zurückschalten. Ab jetzt beginnt die eigentliche Garzeit: 8 Min. Am Ende der Garzeit den Topf von der Kochstelle nehmen. Erst wenn der Druckanzeiger vollständig verschwunden ist, der Topf also drucklos ist, den Topf öffnen.

Tip

- Bei Pellkartoffeln niemals »schnellabdampfen«, sondern mit dem Öffnen stets warten, bis sich der Druck von alleine abgebaut hat, sonst können die Kartoffeln platzen.

Der richtige Topf

- Die Größe des Topfs sollte stimmen. Für 1 kg Kartoffeln ist ein 7-Liter-Topf richtig.
- Modelle mit einer Ankochautomatik sind besonders praktisch und einfach in der Handhabung. In diesem Fall muß man keinen Dampf ausströmen lassen, bevor der Kochregler eingestellt wird. Das macht der Topf automatisch. Aber auch hier beginnt die Garzeit, wenn der Ring die richtige Position erreicht hat.

Salzkartoffeln aus dem Schnellkochtopf

So wird´s gemacht: vorwiegend festkochende Kartoffeln waschen, schälen und zerkleinern (siehe Seite 19). 1/4 l Wasser in den Topf gießen. Den Siebeinsatz hineinstellen und die vorbereiteten Kartoffeln hineingeben.

Sparsam salzen. Ankochen wie bei den Pellkartoffeln angegeben. Garzeit: 6 – 8 Min., je nach Größe der Kartoffelstücke.

Schnelle Kartoffelsuppe

So wird´s gemacht: 500 g mehligkochende Kartoffeln waschen, schälen, vierteln und in 1 cm dicke Scheiben schneiden. 2 EL Öl im Schnellkochtopf erhitzen, 1 gehackte Zwiebel kurz darin andünsten. Die Kartoffeln dazugeben und 3/4 l Fleisch- oder Gemüsebrühe zugießen. Nach Belieben würzen.

Den Topf vorschriftsmäßig schließen. Auf größter Hitzestufe ankochen. Etwa 1 Min. lang Dampf ausströmen lassen, dann den Kochregler auf Stufe 2 stellen. Wenn der Druckanzeiger den zweiten Ring erreicht hat, die Hitze reduzieren. Ab jetzt beginnt die eigentliche Garzeit: 5 Min. Am Ende der Garzeit den Topf von der Kochstelle nehmen. Wenn der Druckanzeiger verschwunden ist, den Topf öffnen.

Kartoffeln mit dem Pürierstab direkt im Topf pürieren.

Dabei eventuell weitere heiße Brühe sowie 2 EL Crème fraîche untermischen. Die Kartoffelsuppe nochmals kurz erhitzen.

Tip
Wer keine mehligkochenden Kartoffeln hat, gibt die Kartoffeln zur Zwiebel, bestäubt sie mit 1 EL Mehl, rührt um und gießt dann mit Brühe auf.

Salzkartoffeln aus der Mikrowelle

So wird´s gemacht: Pro Person 250 g mittelgroße vorwiegend festkochende Kartoffeln waschen, schälen, längs halbieren und in 1 cm dicke Scheiben schneiden. In ein mikrowellengeeignetes Gefäß geben. 5 EL Wasser dazugeben, sehr sparsam salzen.

Kartoffeln zugedeckt bei 600-750 Watt 4–6 Min. garen. Nach der Hälfte der Garzeit umrühren. Beim Garen von 500 g Kartoffeln ebenfalls 5 EL Wasser zugeben. Sie benötigen bei 600–750 Watt 8–10 Min.

Tips
- Das Garen von Salzkartoffeln in der Mikrowelle lohnt sich nur bei kleinen Mengen, denn bei doppelter Menge verdoppelt sich auch die Garzeit.
- Aus den Salzkartoffeln ist im Handumdrehen ein Püree gezaubert: 500 g Kartoffeln wie beschrieben kochen. 1/8 l Milch und 1/2 EL Butter bei 600–750 Watt in 1 Min. erwärmen. Inzwischen Kartoffeln abgießen und zerstampfen. Milch mit dem Schneebesen unterschlagen, nach Belieben würzen.

Das richtige Gargefäß
Mikrowellengeschirr mit passendem Deckel, der beim Garen locker aufgelegt wird. Oder jedes beliebige andere Geschirr aus dekorfreiem Porzellan oder Glas, dieses mit einer Abdeckhaube oder mit spezieller Mikrowellenfolie zudecken.

Pellkartoffeln aus der Mikrowelle

So wird´s gemacht: 250 g kleine Kartoffeln gründlich waschen, dann mit einer Gabel mehrmals einstechen. Das ist unbedingt notwendig, sonst zerplatzt die Schale der Kartoffel.

Kartoffeln waschfeucht in ein flaches mikrowellengeeignetes Gefäß geben. Offen bei 600–750 Watt 6–8 Min. garen. Nach der Hälfte der Garzeit die Kartoffeln wenden, damit sich die Wärme gleichmäßig verteilen kann. 500 g Kartoffeln benötigen je nach Größe bei 600–750 Watt 10–14 Min.

Tip
Kartoffeln kreisförmig anordnen, in der Mitte frei lassen. So garen sie am gleichmäßigsten.

Das richtige Gargefäß
Jedes Gefäß aus dekorfreiem Glas oder Porzellan sowie spezielles Mikrowellengeschirr aus Kunststoff.

Bratkartoffeln aus rohen Kartoffeln

So wird's gemacht: Für 4 Personen 750 g vorwiegend festkochende Kartoffeln waschen, schälen und würfeln. Die Kartoffeln in ein Küchentuch einschlagen und gut abtrocknen.

In einer Pfanne 3-6 EL Öl oder 40-75 g Butter- oder Schweineschmalz erhitzen. Die Kartoffeln darin unter mehrmaligem Wenden in etwa 25 Min. gar und knusprig braten. Zum Schluß salzen und mit frisch gemahlenem Pfeffer würzen.

Tips

- Das Fett muß richtig heiß sein, wenn die Kartoffeln hineinkommen, sonst saugen sie sich mit Fett voll und werden nicht knusprig.
- Die Pfanne muß möglichst groß sein, so daß alle Kartoffeln Bodenkontakt haben. Eventuell die Kartoffeln in zwei Pfannen braten.

- Die Pfanne immer wieder rütteln, damit die Kartoffeln nicht ansetzen.
- Während des Bratens die Pfanne mit einem Spritzschutz bedecken. Keinesfalls mit einem Deckel zudecken, sonst werden die Kartoffeln nicht knusprig.
- 100 g durchwachsenen Speck in Streifen schneiden und mit anbraten. In dem Fall reduziert sich die restliche Fettmenge auf etwa die Hälfte.
- 1 feingewürfelte Zwiebel während der letzten 10 Min. mitbraten.

Die richtige Pfanne
Mit robuster Antihaft-Beschichtung oder aus Gußeisen.

Bratkartoffeln aus gegarten Kartoffeln

So wird's gemacht: 750 g gekochte Kartoffeln schälen und in dünne Scheiben schneiden. In 50 g Butter- oder Schweineschmalz bei starker Hitze 5 Min. auf einer Seite anbraten. Dann wenden und ebenfalls knusprig braten. Dabei die Pfanne immer wieder hin und her rütteln und die Scheiben ab und zu wenden, damit sie auf beiden Seiten knusprig werden.

Tips

- Die Kartoffeln möglichst schon am Vortag kochen, dann zerfallen sie beim Braten nicht so leicht.
- Bratkartoffeln sind eine prima Resteverwertung für übriggebliebene Pellkartoffeln.
- Die Kartoffeln vor dem Anbraten mit wenig Mehl bestäuben, das verbessert die Krustenbildung.
- Auf keinen Fall zuviele Kartoffeln in die Pfanne geben, sonst werden sie nicht gleichmäßig knusprig. Die Pfanne sollte so groß sein, daß möglichst viele Kartoffeln Bodenkontakt haben.

Die richtige Pfanne
Mit robuster Antihaft-Beschichtung oder aus Gußeisen.

Blechkartoffeln

So wird's gemacht: 1 kg mittelgroße vorwiegend festkochende Kartoffeln sorgfältig waschen und schälen. Kartoffeln halbieren. Das Backblech mit weicher Butter oder Öl fetten. Kartoffeln mit der Schnittfläche nach unten darauf legen, mit weicher Butter oder Öl bepinseln, würzen.

Im vorgeheizten Ofen bei 200° (Umluft 180°) auf der mittleren Schiene etwa 1 Std. backen. Dabei die Kartoffeln in den ersten 40 Min. mit Alufolie bedecken.

Tips

- Junge Kartoffeln mit dünner Schale nicht unbedingt schälen, sie können mit Schale gegessen werden.
- So können Sie Blechkartoffeln auch zubereiten: 1 kg kleine Kartoffeln waschen, bürsten, je nach Belieben und Alter der Kartoffeln schälen, dann vierteln. Die Kartoffeln in einer großen Schüssel mit 8 EL Öl, Salz, Pfeffer und in Streifen geschnittenen Salbeiblättchen und eventuell Knoblauch mischen.
Kartoffeln auf das ungefettete Blech geben und im Ofen bei 200° (Umluft 180°) 45 Min. backen.

Folienkartoffeln

So wird's gemacht: 1 kg mittelgroße vorwiegend festkochende Kartoffeln gründlich waschen und bürsten. Jede Kartoffel rundherum mit einem Holzstäbchen einstechen, dann fest in leicht geölte Alufolie wickeln. Auf dem Rost im heißen Ofen (Mitte) bei 225° (Umluft 200°) etwa 1 Std. garen. Die Folie öffnen. Die Kartoffeln an der Oberfläche kreuzweise einschneiden und vorsichtig auseinanderziehen oder -drücken, so daß sie sich öffnen.

Tips

- Beim Einwickeln mit Alufolie darauf achten, daß die glänzende Seite nach innen kommt.
- Sie können Zeit sparen, wenn Sie die Kartoffeln als Pellkartoffeln 10 Min. vorgaren. Dann erst in Alufolie einwickeln und im Backofen in 25 Min. fertig garen.

Herzoginkartoffeln

So wird´s gemacht: 750 g mehligkochende Kartoffeln als Pellkartoffeln garen. Noch heiß schälen und durch die Kartoffelpresse drücken. 50 g Butter und 2 Eigelbe unterrühren. Mit Salz, Pfeffer und Muskat würzen. Ein Backblech fetten. Die Masse in einen Spritzbeutel mit Sterntülle füllen und zu Rosetten auf das Backblech spritzen.

Mit 2 EL zerlassener Butter bepinseln und im vorgeheizten Backofen bei 225° (Umluft 200°) in 10 Min. knusprig backen.

Gratin, Auflauf, Soufflé

Für Soufflés verwendet man durchgepreßte gekochte Kartoffeln und in Aufläufen stecken ebenfalls meist vorgegarte Kartoffeln.
Rezeptbeispiele finden Sie auf Seite 41 und im Kapitel »Aus dem Ofen« ab Seite 94.
Die richtige Form: Geeignete Materialien sind Porzellan, Glas oder Metall. Einfache Grundrezepte sind bei diesen Zubereitungsarten kaum anzugeben, da die verwendeten Zutaten häufig variieren und vielfältig kombiniert werden. Grundsätzlich werden für Gratins rohe Kartoffelscheiben dachziegelartig eingeschichtet und mit Sahne überbacken.

Die typische Gratinform ist relativ flach, Auflaufformen sind etwas höher. Die Form kann rund, oval, quadratisch oder rechteckig sein. Souffléformen sind rund, geradwandig und hoch.

Wichtig: Die Formen müssen gut eingefettet werden, am besten mit weicher Butter bepinseln.

Pommes frites

So wird´s gemacht: 750 g vorwiegend festkochende große Kartoffeln waschen, schälen und in 1 cm dicke Stifte schneiden (siehe Seite 20).
Die Stifte kurz mit Wasser abbrausen. Das ist wichtig, damit die Stärke, die an den Schnittflächen haftet, entfernt wird. Nur so werden die Pommes frites gleichmäßig braun. Nach dem Waschen die Stifte in einem Küchentuch sorgfältig abtrocknen. Bei nassen Kartoffeln spritzt und schäumt das heiße Fett. Fritierfett in der Friteuse auf 170° erhitzen. Die Pommes frites darin portionsweise 4 Min. vorfritieren. Dabei sollen sie noch nicht bräunen.

Kurz vor dem Servieren das Fett auf 190° erhitzen und die Pommes frites 2 Min. knusprig ausbacken.

Anschließend kurz abtropfen lassen und auf Küchenpapier legen, damit das überschüssige Fett aufgesaugt wird, danach salzen.

Tips

- Die Kartoffeln müssen im Fett schwimmen, also nicht zuviele auf einmal einfüllen.
- Besonders kross werden »Streichholzkartoffeln«. Hierfür etwa 2 mm dicke Stifte schneiden. Diese 2 Min. vorfritieren. Vor dem Servieren nochmals 1 Min. knusprig fritieren.
- Versuchen Sie auch einmal selbstgemachte Chips. Hierfür die Kartoffeln in hauchdünne Scheiben hobeln. 1–2 Min. knusprig fritieren. Salzen und nach Belieben mit Paprikapulver bestäuben. Sofort servieren.

Die richtige Friteuse
Eine elektrische Friteuse mit Dunstfilter im Deckel und mit einem Thermostat, das die Hitze reguliert.
Wer keine elektrische Friteuse hat, verwendet einen Fritiertopf. Darin das Fett erhitzen. Ob es heiß genug ist, so testen: einen Weißbrotwürfel hineingeben. Färbt er sich goldbraun, ist die Temperatur richtig.
Oder den Stiel eines Holzlöffels hineinhalten. Es müssen sich daran reichlich Bläschen bilden.

Kroketten

So wird´s gemacht: 750 g mehligkochende Kartoffeln in der Schale garen, heiß schälen und durch die Kartoffelpresse drücken. 1 EL weiche Butter, 2 Eigelbe und 2 EL Mehl unterkneten. Mit Salz, Pfeffer und frisch geriebener Muskatnuß würzen. Den Teig zu einer 2 cm dicken Rolle formen, davon 4 cm lange Stücke abschneiden.
Jede Krokette zum Panieren zuerst in 2 EL Mehl, dann in 2 verquirlten Eiern und zum Schluß in 4 EL Paniermehl wenden.
Das Fett in der Friteuse auf 180° erhitzen. Die Kroketten portionsweise schwimmend in 3–4 Min. ausbacken.

Tips

- Statt in Paniermehl die Kroketten in Mandelblättchen wenden.
- 75 g geriebenen Emmentaler Käse und 2 EL frisch gehackte Petersilie unter die Kartoffelmasse mischen.
- Statt länglichen Kroketten können Sie aus dem Teig auch Bällchen formen.

DAS RICHTIGE FETT

In der Pfanne

Bratkartoffeln, Kartoffelpuffer und Rösti gehören zu den fettreichsten und damit auch kalorienreichsten Kartoffelgerichten. Sie benötigen jede Menge Fett, um eine schöne knusprige Kruste zu bekommen. Geeignete Fette sind Butter- und Schweineschmalz, aber auch gut erhitzbare Öle wie Erdnußöl, Olivenöl, Maiskeimöl, Sonnenblumenöl, Sojaöl. Zum Braten raffinierte Speiseöle verwenden, nicht die wertvollen kaltgepreßten.

Tips

- Die Pfanne erst erhitzen, dann das Fett hineingeben.
- Das Fett keinesfalls so stark erhitzen, daß es raucht.

Auf dem Blech

Das Blech mit weicher Butter oder einem hocherhitzbaren Öl (siehe oben) einfetten. Die Kartoffeln mit weicher Butter oder einem Öl bepinseln. Geschmacklich besonders gut zu Kartoffeln schmecken Sonnenblumenöl, Rapsöl und Olivenöl.

Tip

- Würzöle mit Kräutern verleihen den Kartoffeln zusätzliches Aroma. Damit werden die Kartoffeln erst kurz vor dem Servieren beträufelt.

In der Auflaufform

Aufläufe und Gratins bekommen durch das Fett eine knusprige Kruste und werden schön saftig. Aufläufe und Gratins können Sie mit Butterflöckchen belegen oder je nach Geschmack und Rezept mit Olivenöl beträufeln.

In der Friteuse

Zum Fritieren brauchen Sie unbedingt ein hitzestabiles Fett. Das kann ein hocherhitzbares Öl sein. Achten Sie auf das Etikett, darauf sollte »Zum Fritieren geeignet« stehen. Oder Sie nehmen ein sogenanntes Plattenfett, das ist ein weißes pflanzliches Fett, meist auf Kokos- und Palmfettbasis. Auch Butterschmalz zählt zu den hocherhitzbaren Fetten.

Tips

- Das Fett muß stets die richtige Temperatur erreicht haben, wenn die Kartoffeln hineinkommen, sonst saugen sie sich damit voll.
- Nach dem Fritieren Pommes frites und Kroketten immer auf Küchenpapier abfetten lassen.
- Das Fett nach Gebrauch noch warm durch ein Sieb mit Filterpapier in ein Schraubglas schütten. So können Sie es etwa sechsmal wiederverwenden. Danach das Fett mit dem Hausmüll entsorgen, keinesfalls in den Abguß gießen.

Der durchschnittliche Fett- und Kaloriengehalt der unterschiedlichen Gerichte

Pro Portion	Fett / in g	kcal / KJ
Pellkartoffeln (250 g)	0,8	175 / 730
Salzkartoffeln (250 g)	0,8	175 / 730
Folienkartoffeln (250 g)	0,8	175 / 730
Blechkartoffeln m. Butter bepinselt (250 g)	9	240 / 1005
Kartoffelpüree (250 g)	8	255 / 1065
Klöße (200 g)	2	150 / 645
Pommes frites, fritiert (200 g)	14	230 / 965
Pommes frites, tiefgekühlt, aus dem Backofen (200 g)	19	515 / 2155
Kroketten (200 g)	21	310 / 1300
Kartoffelsalat (250 g) mit Mayonnaise	10	225 / 950
Kartoffelpuffer (200 g)	3	160 / 675
Bratkartoffeln (200 g)	6	240 / 995

Im Supermarkt finden Sie ein reichhaltiges Angebot an vorgefertigten Kartoffelprodukten. Auch wenn sie in kulinarischer Hinsicht nicht immer höchsten Ansprüchen genügen, sind sie äußerst praktisch, wenn auf die Schnelle ein Kartoffelgericht auf dem Tisch stehen soll. Die Palette ist sehr umfangreich, so daß wir Ihnen auf dieser Seite nur die Wichtigsten vorstellen. Wenn´s schnell gehen soll, kann aber auch ein selbst zubereitetes und eingefrorenes Kartoffelgericht für eine fixe Mahlzeit sorgen.

Klöße

Kloßmehle: Das Mehl muß mit Flüssigkeit und Ei zum Teig geknetet werden, anschließend formt man die Klöße von Hand.
Klöße im Kochbeutel: Die fertigen Klöße müssen noch quellen und im erhitzten Wasser garziehen.
Gekühlte und tiefgekühlte Klöße: Die Klöße müssen nur noch erwärmt bzw. aufgetaut und erwärmt werden.
Gekühlter Kloßteig: Die Klöße müssen nur noch geformt und in Salzwasser gegart werden.
Gnocchi: Es gibt sie ungekühlt und vakuumverpackt sowie gekühlt in der Kühltheke. Im italienischen Feinkostgeschäft kann man sie in guter Qualität offen kaufen.

Tip
Wer auf Schwefelverbindungen allergisch reagiert, sollte auf Kartoffelprodukte aus dem Supermarkt verzichten und auf solche aus dem Reformhaus zurückgreifen, sie sind meist ungeschwefelt. Im Zweifelsfall beim Hersteller nachfragen, denn der Schwefelgehalt muß erst ab 50 mg pro kg auf der Packung angegeben werden.

Püree

Püreepulver zählt zu den wichtigsten Kartoffeltrockenprodukten. Es wird nur noch in die erhitzte Flüssigkeit eingerührt und ist in wenigen Minuten fertig. Es gibt Produkte, die Milchpulver enthalten, sie werden mit Wasser verrührt. Ansonsten muß noch Milch dazu.

Tips
- Ist die Packung erstmal geöffnet, sollte das Pulver innerhalb der nächsten 2 Wochen aufgebraucht werden, denn es verdirbt rasch.
- Püreepulver ist auch praktisch zum Andicken von Suppen und Eintöpfen. Auf 1/4 l Flüssigkeit rechnet man 1–2 EL.
- Fertigpürees können mit Butter, Muskat oder frischen Kräutern verfeinert werden.

Pommes frites, Kroketten und Mandelbällchen Bratkartoffeln

Gibt es vorfritiert aus der Tiefkühltruhe. Sie werden auf dem Backblech im Ofen knusprig aufgebacken. »Ofenpommes« enthalten in der Regel weniger Fett als herkömmlich fritierte. Zur Abwechslung gibt es auch Pommes frites mit Wellenschnitt, besonders lange, dünne und vorgewürzte mit Chili.

Tip
Bevorzugen Sie Pommes frites, die mit Sonnenblumenöl vorfritiert wurden, da es ein gesünderes Fettsäuremuster hat als andere Sorten.
Sie sind bereits vorgegart und gewürzt. Im Vakuum in Folie eingeschweißt halten sie sich ohne Kühlung monatelang. Sie kommen nur noch kurz in eine beschichtete Pfanne, meist ohne zusätzliche Fettzugabe.

Rösti

Die gibt's tiefgefroren und im Vakuum fix und fertig gewürzt. Sie werden nur noch kurz in der Pfanne aufgebacken.

Selbstgemachte Vorräte

Kartoffeln pur sind zum Tiefgefrieren nicht geeignet. In Form von Klößen, Gnocchi oder Püree sind sie jedoch ein köstlicher Vorrat. Entweder Sie bereiten gleich die doppelte Menge zu und servieren einen Teil sofort, während der andere Teil in den Kälteschlaf versetzt wird. Oder aber Sie gefrieren übriggebliebenes ein. Beachten Sie, daß Sie die tiefgekühlten Kartoffelvorräte innerhalb von 3 Monaten aufbrauchen.

Klöße und Gnocchi einfrieren

Die fertig gegarten Klöße in Gefrierbeutel geben. Am besten in der richtigen Portionenzahl. Rechnen Sie pro Person 2 Klöße.

Tips
- Besonders schön in Form bleiben die Klöße, wenn sie zuerst auf einem Gefriertablett vorgefroren und danach in die Beutel verpackt werden.
- Bei Verwendung am besten in der Mikrowelle auftauen und erwärmen, ansonsten in erhitztem Wasser.

Die fertig gegarten Gnocchi werden wie die Klöße eingefroren und aufgetaut. Da sie kleiner sind, tauen sie schneller auf.

Resteverwertung von gegarten Kartoffeln

- Gegarte Pellkartoffeln halten sich ungeschält in einer Plastikdose bis zu einer Woche im Kühlschrank. Sie sind eine gute Grundlage für Bratkartoffeln. Aber auch für Eintöpfe und Aufläufe können Sie prima eingesetzt werden.
- Wer Brot bäckt, drückt gegarte geschälte Kartoffeln unter den Teig. Auf 1 kg Mehl rechnet man etwa 250 g Kartoffeln. So erhalten Sie ein Brot, das sich besonders lange hält.
- Salzkartoffeln halten sich 2–3 Tage in einer Plastikdose im Kühlschrank. Mit einer Gabel zerdrückt, kann man mit ihnen gut Gemüsesuppen binden.
- Reste von Kartoffelpüree eignen sich ebenfalls als Grundlage für Suppen. Man kann sie aber auch sehr gut mit Schinkenstreifen und Zwiebeln in erhitzter Butter braten. Mit Salat servieren.
- Restliche Klöße in Scheiben schneiden und mit einer Kräuter-Vinaigrette marinieren. Eine schnelle Vorspeise! Oder die Scheiben in Butter oder Gänseschmalz braten und mit einem Salat servieren.

SUPPEN UND VORSPEISEN

Zutaten für 4–6 Personen:

500 g mehligkochende Kartoffeln
2 dünne Stangen Lauch (etwa 400 g)
2 Knoblauchzehen
3 EL Olivenöl
2 TL Thymianblättchen
100 ml trockener Weißwein
1 l Hühnerbrühe
200 g Crème fraîche
Salz · schwarzer Pfeffer
frisch geriebene Muskatnuß
Saft und abgeriebene Schale von 1 unbehandelten Zitrone
2 Scheiben Toastbrot · 1 EL Butter

Zubereitungszeit: 1 Std. (+ 3–4 Std. Kühlzeit)
Bei 6 Personen pro Portion etwa: 1295 kJ / 310 kcal
11 g EW / 19 g F / 24 g KH

Aus Frankreich

Crème Vichyssoise

1 Die Kartoffeln schälen, waschen und klein würfeln. Die Lauchstangen putzen, der Länge nach aufschlitzen und gründlich kalt abspülen. Ein kleines Stück von etwa 50 g beiseite legen, den übrigen Lauch in feine Streifen schneiden. Die Knoblauchzehen schälen.

2 Das Olivenöl in einem Topf erhitzen, Lauch und Kartoffeln einrühren. Den Knoblauch dazupressen und alles unter Rühren bei schwacher Hitze 3 Min. dünsten. Thymian, Wein und Brühe dazugeben, aufkochen und zugedeckt bei schwacher Hitze 30 Min. köcheln lassen.

3 Kartoffeln und Lauch in der Flüssigkeit mit dem Pürierstab glatt pürieren. Die Crème fraîche einrühren, die Suppe mit Salz, Pfeffer, Muskat und 1 EL Zitronensaft abschmecken. 3–4 Std., besser über Nacht, zugedeckt kühl stellen.

4 Vor dem Servieren das Brot entrinden, klein würfeln und in der heißen Butter bei mittlerer Hitze goldbraun braten. Mit der fein abgeriebenen Zitronenschale würzen. Den übrigen Lauch in dünne Streifen schneiden, mit den Croûtons auf die Suppe streuen.

Kalte Kartoffelsuppe mit Brunnenkresse

1 Kartoffeln, Möhre und Petersilienwurzel schälen, Lauch putzen und waschen. Alles grob zerkleinern, in einem Topf im Öl andünsten. 2 Zweige Majoran und den Gemüse- oder Rinderfond hinzufügen. Alles bei schwacher Hitze zugedeckt 20 Min. köcheln lassen.

2 Den Majoran entfernen und die Suppe mit dem Pürierstab fein pürieren. Die Sahne untermengen, die Suppe mit Salz, Pfeffer und Cayennepfeffer pikant abschmecken und 3–4 Std. kalt stellen.

3 Die Brunnenkresse verlesen, von groben Stielen befreien, gründlich waschen und auseinanderpflücken. Vom restlichen Majoran die Blättchen abzupfen. Die kalte Suppe in Suppentassen füllen, mit Brunnenkresse und Majoranblättchen garnieren.

Tip: Die Suppe schmeckt auch warm sehr gut. Einige Tropfen Trüffelöl machen sie besonders fein.

Zutaten für 4 Personen:

350 g mehligkochende Kartoffeln
1 Möhre · 1 Petersilienwurzel
1 Stange Lauch · 1 EL Öl
4 Zweige frischer Majoran
800 ml Gemüse- oder Rinderfond (aus dem Glas)
100 g Sahne
Salz · weißer Pfeffer
1 kräftige Prise Cayennepfeffer
1/2 Bund frische Brunnenkresse

Zubereitungszeit: 45 Min. (+ 3–4 Std. Kühlzeit)
Pro Portion etwa: 1385 kJ / 330 kcal
11 g EW / 12 g F / 48 g KH

Für Gäste

Zutaten für 4 Personen:

20 g getrocknete Steinpilze
400 g mehligkochende Kartoffeln
1 Zwiebel
1 EL Butter
1 l Fleischbrühe
100 g Bacon (Frühstücksspeck)
Salz
Pfeffer
200 g Sahne
1 EL frisch gehackter Majoran

Zubereitungszeit: 1 Std. (+ 1 Std. Quellzeit)
Pro Portion etwa: 1900 kJ / 455 kcal
23 g EW / 31 g F / 23 g KH

Gelingt leicht

Kartoffelsuppe mit Steinpilzen

1 Die Steinpilze mit lauwarmem Wasser bedecken und 1 Std. quellen lassen.

2 Die Kartoffeln schälen, waschen, halbieren und in Scheiben schneiden. Die Zwiebel schälen und fein hacken. Die Butter in einem großen Topf zerlassen, die Zwiebel darin glasig dünsten. Die Kartoffeln dazugeben und mit der Fleischbrühe begießen.

3 Die Einweichflüssigkeit der Pilze durch eine Filtertüte zur Suppe gießen. Die Suppe bei schwacher Hitze zugedeckt 30 Min. köcheln lassen.

4 Den Speck klein würfeln, die Steinpilze kleinschneiden. Den Speck in einer Pfanne ohne Fett bei mittlerer Hitze knusprig braten. Die Steinpilze im Speckfett andünsten, beides abtropfen lassen.

5 Die Suppe mit dem Pürierstab oder in der Küchenmaschine fein pürieren. 125 g Sahne hinzufügen, aufkochen lassen. Die restliche Sahne steif schlagen und unter die Suppe ziehen. Nicht mehr kochen lassen. Die Speckwürfelchen, die Steinpilze und den Majoran in vorgewärmte Suppentassen verteilen, mit der Suppe auffüllen.

Tips: Die Suppe mit einem Sahnetupfer garnieren und mit frisch gehacktem Majoran bestreuen.

Statt der getrockneten 200 g frische Steinpilze putzen und in Scheiben schneiden, 4 davon für die Garnitur beiseite legen. Die Suppe wie beschrieben zubereiten, aber den Speck weglassen. Beim Anrichten die zurückbehaltenen Pilzscheiben in Butter kurz anbraten, mit Salz, Pfeffer und etwas durchgepreßtem Knoblauch würzen.

Zutaten für 6 Personen:

800 g mehligkochende Kartoffeln
2 Stangen Lauch
3 Petersilienwurzeln
3 Möhren
1/2 kleine Sellerieknolle
3 Zwiebeln
120 g durchwachsener Räucherspeck
2 EL Schweine- oder Butterschmalz
1 1/2 l heiße Fleischbrühe
2 Lorbeerblätter
je 1/2 TL Kümmelpulver und Majoran
Salz
Pfeffer
eventuell Streuwürze
frisch geriebene Muskatnuß
6 Knackwürstchen (ersatzweise Wiener Würstchen)
2 Bund Schnittlauch

Zubereitungszeit: 1 1/2 Std.
Pro Portion etwa:
2600 kJ / 620 kcal
34 g EW / 35 g F / 46 g KH

Preiswert

Vogtländische Kartoffelsuppe mit Würstchen

1 Die Kartoffeln schälen, waschen und grob zerteilen. Das Gemüse putzen, waschen und in grobe Stücke schneiden. Die Zwiebeln schälen und klein würfeln. Den Speck ebenfalls in Würfel schneiden.

2 Das Schmalz in einem Suppentopf erhitzen, die Speck-und Zwiebelwürfel darin bei mittlerer Hitze glasig dünsten. Die Kartoffel- und Gemüsestücke kurz mitdünsten. Die Brühe dazugießen und die Suppe mit Lorbeerblättern, Kümmel, Majoran, Salz und Pfeffer würzen. Zugedeckt bei mittlerer Hitze 30 Min. köcheln lassen.

3 Ist das Gemüse gar, die Lorbeerblätter entfernen. Die Suppe mit dem Pürierstab kurz durchpürieren, es sollten noch kleine Kartoffel- und Gemüsestückchen sichtbar sein. Die Suppe eventuell mit Streuwürze und mit Muskat abschmecken.

4 Die Würstchen in Scheiben schneiden und bei mittlerer Hitze im eigenen Fett knusprig braten. In die Suppe geben und kurz ziehen lassen. (Wiener im ganzen oder in Scheiben nicht braten, sondern in der Suppe erwärmen.) Den Schnittlauch waschen und in Röllchen schneiden. Die Suppe auf die Teller verteilen, jeweils mit Schnittlauch garnieren.

Als Getränk zur Suppe schmeckt ein kühles Pils.

Zutaten für 4 Personen:
600 g mehligkochende Kartoffeln
2 große Stangen Lauch
100 g Kerbel
1 großes Bund Petersilie
2 EL Butter
1 1/2 l Fleischbrühe
6 EL Sahne
2 Eigelbe
Salz
weißer Pfeffer
frisch geriebene Muskatnuß
etwas gehackter Kerbel zum Garnieren

Zubereitungszeit: 55 Min.
Pro Portion etwa:
1780 kJ / 425 kcal
29 g EW / 19 g F / 41 g KH

Preiswert

Grüne Kartoffelsuppe

1 Die Kartoffeln schälen, waschen und klein würfeln. Den Lauch putzen, gründlich waschen und mit dem zarten Grün in feine Ringe schneiden. Kerbel verlesen, waschen, trockentupfen und von den groben Stielen befreien. Dann kleinschneiden. Petersilie waschen, trockenschwenken und ohne die groben Stiele ebenfalls fein zerkleinern.

2 In einem großen Topf die Butter zerlassen. Petersilie und Kerbel darin andünsten. Mit Fleischbrühe aufgießen. Kartoffeln hinzufügen und bei mittlerer Hitze in 20 Min. weich köcheln lassen.

3 Die Suppe im Topf mit dem Pürierstab pürieren. Die Sahne mit den Eigelben verrühren. Die Mischung unter die Suppe rühren und die Suppe damit binden, nicht mehr kochen lassen. Suppe mit Salz, Pfeffer und Muskat abschmecken, in tiefen Tellern anrichten und mit etwas gehacktem Kerbel bestreuen.

Variante:
Kartoffelsuppe Großmutterart

800 g mehligkochende Kartoffeln, 2 Stangen Lauch und 2 Möhren schälen und/oder waschen und kleinschneiden. 1 Zwiebel schälen, hackenund in 2 EL Butterschmalz andünsten. Kartoffeln, Lauch und Möhren 1–2 Min. mitdünsten. Mit 1 l Fleisch- oder Gemüsebrühe aufgießen und 30 Min. kochen lassen. Im Topf fein pürieren. 3–4 EL Sahne mit 1 EL gehacktem Majoran und 2 EL gehackter Petersilie zur Suppe geben. 10 Min. unter gelegentlichem Rühren bei schwacher Hitze weitergaren. Mit Salz, Pfeffer und Muskat abschmecken. Vor dem Anrichten 1 EL Weißweinessig untermischen. Mit in Butter gerösteten Brotwürfelchen servieren.

Der Tip vom Profi !

Kartoffeln liefern die Bindung für die Suppe gleich mit, die enthaltene Stärke sorgt dafür, daß die Masse cremig und dickflüssig ist. Da Kartoffeln – selbst, wenn sie dem gleichen Kochtyp angehören – unterschiedlich viel Stärke enthalten, kann die Suppe auch unterschiedlich dickflüssig geraten. Geben Sie also immer erst etwas weniger Flüssigkeit zu und verdünnen das Ganze später nach Bedarf..

Zutaten für 4 Personen:

2 Schalotten
250 g Zuckerschoten
800 g mehligkochende Kartoffeln
1 EL Butter
3/4–1 l Gemüsebrühe
200 g Crème fraîche
Salz
Pfeffer
1 Prise frisch geriebene Muskatnuß
1 kräftige Prise Cayennepfeffer
1–2 EL Zitronensaft
150 g gegarte geschälte Tiefseegarnelen

Zubereitungszeit: 50 Min.
Pro Portion etwa:
2255 kJ / 540 kcal
19 g EW/ 27 g F/ 57 g KH

Für Gäste

Kartoffelcremesuppe mit Zuckerschoten und Garnelen

1 Die Schalotten schälen und fein hacken. Die Zuckerschoten waschen und die Enden abknipsen. Die Zuckerschoten schräg in schmale Streifen schneiden.

2 Die Kartoffeln schälen, waschen und in grobe Würfel schneiden. Die Butter in einem breiten Topf erhitzen. Die Schalotten darin andünsten. Zwei Drittel der Zuckerschotenstreifen kurz mitdünsten. Die Kartoffelwürfel untermischen. Mit der Gemüsebrühe aufgießen, aufkochen und zugedeckt bei mittlerer Hitze 30 Min. köcheln lassen.

3 Inzwischen die restlichen Zuckerschotenstreifen in kochendem Salzwasser 2 Min. blanchieren, eiskalt abschrecken und sehr gut abtropfen lassen.

4 Den Topfinhalt mit dem Pürierstab oder im Mixer pürieren. Die Crème fraîche unterrühren und aufkochen lassen. Die Suppe mit Salz, Pfeffer, Muskat, Cayennepfeffer und Zitronensaft abschmecken. Die Garnelen und die blanchierten Zuckerschotenstreifen kurz darin erwärmen.

Tip: Anstelle der Zuckerschoten können Sie auch Erbsen verwenden.

Kartoffelsuppe mit Lachs

Zutaten für 4 Personen:

3 Frühlingszwiebeln
750 g mehligkochende Kartoffeln
2 EL Butter
100 ml trockener Weißwein
3/4 l Gemüsebrühe
200 g Sahne
Salz
Pfeffer
1 Prise frisch geriebene Muskatnuß
150 g Räucherlachs in Scheiben

Zubereitungszeit: 50 Min.
Pro Portion etwa:
1875 kJ / 450 kcal
15 g EW / 19 g F / 54 g KH

Für Gäste

1 Die Frühlingszwiebeln putzen, waschen und in feine Ringe schneiden. Die Kartoffeln schälen, waschen und in Würfel schneiden. Die Butter in einem Topf erhitzen und den weißen Teil der Frühlingszwiebeln darin andünsten. Die Kartoffelwürfel kurz mitdünsten.

2 Mit dem Weißwein ablöschen und mit der Gemüsebrühe aufgießen. Zugedeckt bei schwacher Hitze 30 Min. köcheln lassen

3 Den Topfinhalt mit dem Pürierstab oder im Mixer pürieren. Die Sahne unter die Suppe rühren und aufkochen lassen. Die grünen Frühlingszwiebelringe bis auf 1 EL untermischen und die Suppe 3 Min. bei schwacher Hitze köcheln lassen. Dann mit Salz, Pfeffer und Muskat abschmecken.

4 Den Räucherlachs in schmale Streifen schneiden. Die Suppe in vier vorgewärmte Tassen oder Teller füllen. Die Lachsstreifen und die restlichen Frühlingszwiebelringe darauf verteilen und die Suppe sofort servieren.

Variante:
Kartoffelsuppe mit Austernpilzen

Statt Räucherlachs 250 g Austernpilze nehmen, putzen, waschen und in schmale Streifen schneiden. Die Hälfte davon mit den gesamten Frühlingszwiebeln andünsten, mit den Kartoffeln und der Gemüsebrühe garen und pürieren. Die übrigen Austernpilzstreifen in 1 EL Nußöl kräftig anbraten, 1 kleine Knoblauchzehe darüber pressen. Die Austernpilzstreifen vor dem Servieren auf der Suppe verteilen.

Zutaten für 4–6 Personen:

500 g mehligkochende Kartoffeln
1 grüne Paprikaschote (etwa 200 g)
1 Zwiebel
2 Knoblauchzehen
2 EL Olivenöl
3/4 l heiße Hühner- oder Gemüsebrühe
1 TL Thymianblättchen
Salz
150 g Maiskörner (aus der Dose oder dem Glas)
1/2 rote Paprikaschote
1 reife Avocado (etwa 220 g)
2 EL Zitronensaft
100 g Crème fraîche
schwarzer Pfeffer
Tabascosauce
75 g Butterkäse

Zubereitungszeit: 1 Std. 10 Min. Bei 6 Personen pro Portion etwa: 1240 kJ / 300 kcal 12 g EW / 19 g F / 23 g KH

Für Gäste

Kartoffel-Paprika-Suppe mit Avocado

1 Die Kartoffeln schälen und waschen, die grüne Paprika waschen und putzen. Beides klein würfeln. Die Zwiebel schälen und fein hacken, die Knoblauchzehen schälen.

2 Das Olivenöl in einem Topf erhitzen, die Zwiebel und den zerdrückten Knoblauch darin glasig dünsten. Paprika- und Kartoffelwürfel 3 Min. mitdünsten. Die heiße Brühe angießen, mit Thymian und Salz würzen und zugedeckt bei schwacher Hitze 15 Min. köcheln lassen.

3 Dann etwa 200 g Gemüsewürfel mit einem Schaumlöffel herausheben und beiseite stellen. Das restliche Gemüse weitere 15 Min. garen.

4 Inzwischen den Mais in ein Sieb geben und abtropfen lassen. Die rote Paprika waschen, putzen und in sehr kleine Würfel schneiden. Die Avocado schälen, halbieren und den Stein herauslösen. Ein Drittel des Fruchtfleisches in dünne Spalten schneiden und sofort mit 1 EL Zitronensaft beträufeln. Den Rest kleinschneiden und mit dem übrigen Zitronensaft und der Crème fraîche schaumig pürieren. Mit Salz, Pfeffer und einigen Tropfen Tabasco würzen.

5 Den Käse klein würfeln und in die Suppe rühren, alles mit dem Pürierstab fein pürieren. Die Avocadomischung, die Maiskörner und die beiseite gestellten Paprika- und Kartoffelwürfel daruntermischen. Die Suppe nochmals erhitzen, aber nicht mehr kochen lassen, da die Avocado sonst leicht bitter wird. Kräftig abschmecken.

6 Die Suppe portionsweise anrichten, mit den roten Paprikawürfeln und den Avocadospalten garnieren.

Tip: Servieren Sie die Suppe auf einer Party um Mitternacht – mit frischem Stangenweißbrot. Sie heizt im Nu wieder die Stimmung an! Die Zutatenmengen lassen sich beliebig erhöhen.

Zutaten für 4 Personen:

- **250 g vollreife Tomaten**
- **50 g Bacon (Frühstücksspeck)**
- **2 große Schalotten**
- **400 g mehligkochende Kartoffeln**
- **1 EL Tomatenmark**
- **600 ml Fleisch- oder Gemüsebrühe**
- **150 g Sahne**
- **1 Knoblauchzehe**
- **Salz**
- **Pfeffer**
- **2 EL Basilikumblättchen in Streifen**

Zubereitungszeit: 1 Std.
Pro Portion etwa:
1240 kJ / 295 kcal
14 g EW / 17 g F / 22 g KH

Für Gäste

Tomaten-Kartoffel-Suppe

1 Die Stielansätze der Tomaten entfernen, die Tomaten kurz überbrühen, häuten, entkernen, leicht auspressen und kleinschneiden. Den Speck in sehr kleine Würfel schneiden, die Schalotten schälen und hacken. Die Kartoffeln schälen, waschen und in Scheiben schneiden.

2 Den Speck in einer beschichteten Pfanne bei mittlerer Hitze gut anrösten, beiseite stellen. Das ausgelaufene Fett in einen Suppentopf geben, die Schalotten darin glasig dünsten. Das Tomatenmark 1 Min. mitdünsten.

3 Die Kartoffeln mit den Tomaten zu den Zwiebeln geben. Alles gut mischen und mit der Brühe begießen. Bei mittlerer Hitze 30 Min. zugedeckt köcheln lassen.

4 Ein Drittel der Sahne hinzufügen und die Suppe im Mixer oder mit dem Pürierstab pürieren. Wieder in den Topf geben, kurz aufkochen lassen und beiseite stellen. Knoblauch schälen und durch die Presse dazudrücken. Suppe mit Salz und Pfeffer abschmecken.

5 Die restliche Sahne sehr steif schlagen. Die Suppe in heiße Tassen verteilen, je 1 EL Sahne daraufgeben und mit dem Basilikum und den gerösteten Speckwürfelchen bestreuen.

Tip: Ohne Speck wird die Suppe noch leichter.

Variante:
Tomaten-Kartoffel-Suppe mit Paprika

Die Suppe wie beschrieben zubereiten, aber die süße durch saure Sahne ersetzen. 1 rote oder gelbe Paprikaschote im auf höchste Stufe vorgeheizten Backofen backen, bis die Haut sich verfärbt und Blasen wirft. Dann häuten, entkernen und in kleine Würfel schneiden. Diese unter die Suppe mischen, 5 Min. mitkochen lassen. Beim Anrichten die Suppe mit etwas saurer Sahne garnieren, mit Dill statt Basilikum und mit rosenscharfem Paprikapulver bestreuen.

Zutaten für 4 Personen:

500 g mehligkochende Kartoffeln
1 TL Kümmel · Salz
1 Zwiebel · 2 EL Butter
3 kleine Gewürzgurken
150 g saure Sahne
50 g süße Sahne
3 EL Kapern · 1 TL Senf · Pfeffer
4 Tomaten
8 Scheiben kräftiges Bauernbrot
1 Bund Schnittlauch

Zubereitungszeit: 40 Min.
Pro Portion etwa:
1995 kJ / 475 kcal
12 g EW / 19 g F / 67 g KH

Preiswert

Kartoffel-Obazda

1 Die Kartoffeln waschen, in einen Topf geben, Wasser angießen. Mit Kümmel und Salz würzen, zugedeckt in 25–30 Min. gar kochen. Noch heiß pellen und durch die Kartoffelpresse drücken.

2 Die Zwiebel schälen, klein würfeln und in der Butter andünsten. Die Gewürzgurken in kleine Würfel schneiden.

3 Die Kartoffelmasse mit der sauren und der süßen Sahne, den Zwiebel- und Gurkenwürfeln, Kapern, dem Senf, Salz und Pfeffer verrühren und pikant abschmecken.

4 Die Tomaten waschen, in Scheiben schneiden und auf den Brotscheiben verteilen. Den Obazdn fingerdick aufstreichen. Den Schnittlauch in Röllchen schneiden und darüber streuen.

Kartoffel-Knoblauch-Creme

1 Die Kartoffeln waschen, in einen Topf geben, Salzwasser angießen, zugedeckt in 25–30 Min. gar kochen. Abgießen, heiß schälen und sofort durch die Kartoffelpresse drücken. Abkühlen lassen.

2 Den Knoblauch schälen und zu den Kartoffeln drücken. Nach und nach Essig, Olivenöl und Brühe unterschlagen, bis die Masse dick und geschmeidig ist. Mit Salz und Pfeffer würzen. Petersilie waschen, Blättchen abzupfen. Kartoffelcreme mit Petersilienblättchen und Oliven garniert anrichten.

Tip: Skordalia – wie die Kartoffelcreme in ihrer Heimat heißt – wird oft als kleine Vorspeise serviert. Sie können die Paste aber auch zu gedünstetem oder gebratenem Fisch oder zu knusprig fritierten Auberginen reichen.

Zutaten für 4 Personen:

400 g mehligkochende Kartoffeln
Salz
3 Knoblauchzehen
2–3 EL Weißweinessig
5 EL Olivenöl
6–8 EL Gemüsebrühe
schwarzer Pfeffer
3 Petersilienzweige und 5 schwarze Oliven zum Garnieren

Zubereitungszeit: 30 Min.
Pro Portion etwa:
765 kJ / 185 kcal
4 g EW / 11 g F / 20 g KH

Aus Griechenland

Das besondere Rezept !

Patatas bravas – wie diese delikate Vorspeise in ihrer Heimat genannt wird – schmecken nicht nur einfach köstlich, sie eignen sich auch hervorragend für die Gästebewirtung, denn sie können komplett vorbereitet werden und leiden im Gegensatz zu vielen anderen Kartoffelgerichten auch nicht, wenn sie einige Stunden stehen. Die Tapa schmeckt zudem sowohl warm (bei mittlerer Hitze erwärmen) wie auch abgekühlt ganz ausgezeichnet. Zum Servieren die Kartoffeln in Schälchen verteilen und mit Cocktailspießchen anrichten. Dazu paßt am besten ein trockener oder halbtrockener Sherry. Nach der Vorspeise schmeckt Lammbraten mit Spinat oder aber ein mit Tomaten und Zwiebeln geschmortes Hähnchen besonders gut.

Zutaten für 4 Personen:

2 kleine Zwiebeln
2 Knoblauchzehen
2 Fleischtomaten (etwa 400 g)
6 EL Olivenöl
2 TL Tomatenmark
2–3 EL trockener Sherry (Fino)
1 kleine, frische rote Chilischote
Salz
schwarzer Pfeffer
Cayennepfeffer
1–2 EL Zitronensaft
400 g mittelgroße festkochende Kartoffeln

Zubereitungszeit: 40 Min.
Pro Portion etwa:
890 kJ / 215 kcal
3 g EW / 11 g F / 23 g KH

Aus Spanien

Kartoffel-Tapa mit scharfer Tomatensauce

1 Für die Sauce die Zwiebeln schälen und klein würfeln, die Knoblauchzehen schälen. Stielansätze der Tomaten entfernen, Tomaten kurz überbrühen, häuten und vierteln. Dann entkernen und in kleine Stücke schneiden.

2 In einem Schmortopf 4 EL Olivenöl erhitzen, die Zwiebeln darin glasig dünsten. Den Knoblauch dazudrücken und kurz mitdünsten. Die Tomaten mit dem Tomatenmark, dem Sherry und der abgewaschenen Chilischote in den Topf geben. Gut durchrühren und offen 15 Min. bei schwacher Hitze köcheln lassen, bis ein dicker Brei entstanden ist. Mit Salz, Pfeffer, Cayennepfeffer und Zitronensaft kräftig abschmecken.

3 Gleichzeitig die Kartoffeln schälen, waschen und klein würfeln. In einer schweren Pfanne das restliche Olivenöl erhitzen und die Kartoffeln darin 5 Min. anbraten. Die Temperatur auf mittlere bis schwache Hitze herunterschalten und die Kartoffeln noch 15 Min. braten, dabei immer wieder kräftig rütteln und vorsichtig wenden, damit sie nicht anbrennen. Die Kartoffeln in die Tomatensauce geben und beides zusammen nochmals erhitzen.

Kräuter-Kartoffel-Soufflés auf Tomatensauce

Zutaten für 8–12 Förmchen:

Für die Sauce:
1–2 mittelgroße Zwiebeln
1 Knoblauchzehe
4 EL neutrales Öl
1 1/2 Packungen Tomatenstücke (je 370 g Inhalt) oder 1 Dose geschälte Tomaten (400 g Inhalt)
1 Lorbeerblatt
Salz
Pfeffer
je 1/2 TL Zucker, Oregano und Paprika, rosenscharf
1–2 Bund Basilikum
Für die Kartoffel-Soufflés:
500 g festkochende Kartoffeln
Salz
60 g Butter
2 EL Crème double
4 Eier
frisch geriebene Muskatnuß
weißer Pfeffer
1 Bund gemischte Kräuter (Petersilie, Kerbel, Dill)
Für die Förmchen (von je 100 ml Inhalt): Butter

Zubereitungszeit: 2 Std.
Bei 6 Portionen pro Portion etwa: 1100 kJ / 260 kcal
3 g EW / 10 g F / 9 g KH

Für Gäste

1 Für die Sauce die Zwiebeln und den Knoblauch schälen und in kleine Würfel schneiden. Das Öl in einem Topf erhitzen, die Zwiebeln darin glasig dünsten. Den Knoblauch unterrühren, die Tomaten, das Lorbeerblatt und die Gewürze hinzufügen. Bei sehr schwacher Hitze 30 Min. köcheln lassen, zwischendurch öfter umrühren. Ist die Sauce dicklich eingekocht, abgedeckt im heißen Wasserbad warm halten. Eventuell noch mit etwas Zucker würzen.

2 Für die Soufflés die Kartoffeln schälen, waschen, in grobe Stücke schneiden und in Salzwasser in 15–20 Min. garen. Das Kochwasser abgießen, die Kartoffeln gut ausdämpfen lassen und sofort durch die Kartoffelpresse drücken. Die Butter und die Crème double unterrühren. Die Eier trennen. Eigelbe unter die Kartoffelmasse rühren. Mit Muskat und Pfeffer würzen. Die Kräuter kurz abspülen, trockenschütteln und fein hacken.

3 Den Backofen auf 180° (Umluft 160°) vorheizen. Die Förmchen mit Butter fetten.

4 Die Eiweiße mit 1 Prise Salz steif schlagen. Ein Drittel vom Eischnee mit einem Schneebesen unter das Kartoffelpüree rühren, dann den restlichen Eischnee und die Kräuter mit einem Holzlöffel unterheben. Die Kartoffelmasse bis fingerbreit unter den Rand in die Förmchen füllen (die Soufflés gehen beim Backen noch auf) und diese in die Saftpfanne des Backofens stellen. Etwa 1 1/2 l heißes Wasser angießen und die Soufflés im Ofen (Mitte) in 30–35 Min. goldgelb backen.

5 Das Basilikum (einige Blätter zum Garnieren aufheben) in feine Streifen schneiden und unter die Tomatensauce mischen. Auf die Teller verteilen. Die Soufflés mit einem spitzen Messer vom Rand der Förmchen lösen, stürzen und in die Tellermitte setzen. Mit Basilikumblättchen garnieren.

Variante:
Kartoffel-Schinken-Soufflé mit Schnittlauchsauce

Mischen Sie unter das Kartoffelpüree (zusammen mit der zweiten Portion Eischnee) 100 g geriebenen Parmesan und 150 g Schinkenwürfel. Für die Schnittlauch-Joghurt-Sauce 200 g Joghurt mit 1 TL Zitronensaft, Salz, Pfeffer und Zucker würzen. 1 Bund Schnittlauchröllchen unterrühren. 100 g Sahne steif schlagen und unterheben. Oder 400 g grünen Spargel waschen, putzen, in kleinen Stücken in 200 ml Hühnerbrühe in 15 Min. garen. Spargelspitzen herausnehmen, Rest pürieren, mit Salz, Pfeffer, Muskat, 1 TL Zitronensaft und 4 EL Schlagsahne verfeinern.

Tips: Die Sauce schmeckt besonders gut, wenn sie durchzieht. Wer es eilig hat, kann sie aber auch zubereiten, während die Soufflés im Ofen sind.

Sie können das Soufflé auch in einer großen Form backen, wie hoch und locker es wird, hängt von der Eimenge ab. Eventuell 1–2 Eier mehr nehmen.

Nach dem Garen wird die Sauce im Wasserbad warm gehalten, sie zieht dabei noch durch.

Wenn die Masse geschmeidig ist, den restlichen Eischnee vorsichtig unterheben.

Damit sich die Soufflés stürzen lassen, am Rand mit einem Messer von den Förmchen ablösen.

Zutaten für 8 Personen:

1 kg möglichst gleich große, vorwiegend festkochende Kartoffeln
100 g durchwachsener Räucherspeck in Scheiben
1 mittelgroße Zwiebel
2 EL Butterschmalz
Salz
Pfeffer
2 Frühlingszwiebeln
350 g Pfifferlinge
1 EL Butter
80 g frisch geriebener Appenzeller

Zubereitungszeit: 45 Min.
Pro Portion etwa:
1535 kJ / 370 kcal
13 g EW / 14 g F / 52 g KH

Schnell

Rösti mit Pfifferlingen

1 Die Kartoffeln waschen und mit Wasser zugedeckt in 20 Min. nicht ganz weich garen, abkühlen lassen.

2 Den Räucherspeck ohne Schwarte in sehr kleine Würfel schneiden. Die Zwiebel schälen und sehr fein hacken. In einer möglichst beschichteten Pfanne 1 EL Butterschmalz erhitzen und die Speckwürfelchen darin bei schwacher Hitze ausbraten. Die Zwiebel dazugeben und bei schwacher Hitze weich dünsten.

3 Inzwischen die Kartoffeln schälen und auf einer Gemüsereibe in grobe Streifen hobeln. Die Kartoffelstreifen mit Salz und Pfeffer würzen, gut durchmischen und in acht Portionen teilen. Restliches Butterschmalz erhitzen. Kartoffelportionen bei starker Hitze in die Pfanne geben und mit einem Bratenwender festdrücken. Die Rösti bei schwacher Hitze 20 Min. braten, dabei einmal wenden.

4 Währenddessen die Frühlingszwiebeln putzen, waschen und in feine Ringe schneiden. Den Backofen auf 220° (Umluft 200°) vorheizen. Die Pfifferlinge putzen, abbrausen und gut abtropfen lassen. Die Butter in einer Pfanne erhitzen und den weißen Teil der Frühlingszwiebeln bei schwacher Hitze andünsten. Pilze 5 Min. mitbraten. Die grünen Frühlingszwiebelringe dazugeben und kurz andünsten. Mit Salz und Pfeffer würzen.

5 Die Rösti auf ein gefettetes Backblech setzen und die Pfifferlinge darauf verteilen. Mit dem geriebenen Käse bestreuen und im Ofen (Mitte) 10 Min. gratinieren, bis der Käse geschmolzen ist. Je 1 Rösti auf vorgewärmten Tellern anrichten.

Dazu schmeckt ein Glas trockener, kräftiger Weißwein, z. B. ein Chardonnay.

Zutaten für 4 Personen:

4 mittelgroße, vorwiegend festkochende Kartoffeln
2 EL Olivenöl
Salz
6–8 Basilikumblätter
200 g Ziegenfrischkäse
125 g Crème fraîche
1 Knoblauchzehe (nach Belieben)
schwarzer Pfeffer
kleine Basilikumblättchen zum Garnieren

Zubereitungszeit: 1 1/4 Std.
Pro Portion etwa:
1855 kJ / 445 kcal
18 g EW / 34 g F / 17 g KH

Gelingt leicht

Kartoffelpfännchen mit Ziegenkäse

1 Die Kartoffeln waschen und mit Wasser in der Schale in 20–25 Min. knapp gar kochen. Noch warm schälen und in dünne Scheiben schneiden.

2 In einer Pfanne 1 1/2 EL Olivenöl erhitzen. Die Kartoffeln darin bei mittlerer Hitze von beiden Seiten leicht bräunen.

3 Den Backofen auf 220° (Umluft 200°) vorheizen. Die Kartoffeln in vier Eierpfännchen von 16 cm Durchmesser oder in andere feuerfeste Förmchen verteilen, mit wenig Salz bestreuen. Die Basilikumblätter etwas zerzupfen und darüber streuen.

4 Den Ziegenkäse kleinschneiden und mit einer Gabel zerdrücken. Mit der Crème fraîche und nach Belieben mit dem durchgepreßten Knoblauch gut mischen und über die Kartoffeln geben. Mit schwarzem Pfeffer würzen und mit dem restlichen Olivenöl beträufeln. Die Kartoffeln im heißen Ofen (Mitte) 8 Min. überbacken. Der Käse darf keine Farbe annehmen, sondern soll nur schmelzen. Sofort heiß mit Basilikum garniert servieren.

Tips: Das Rezept läßt sich gut abwandeln. Z.B. eine große Gratinform mit Olivenöl ausstreichen. Kleine, neue in der Schale gekochte, Kartoffeln längs halbieren, hineinlegen und mit einer Schicht Fontinakäse belegen. Mit Kümmel bestreuen und überbacken, bis der Käse schmilzt. Schmeckt mit grünem Salat als Hauptgericht.

Der Ziegenkäse läßt sich durch frischen Schafkäse ersetzen. Wer diese Käse nicht mag, kann auch Camembert oder Brie verwenden. Roquefort oder Blauschimmelkäse eignen sich ebenfalls.

Info: Am allerbesten schmeckt diese Vorspeise mit frischem Ziegen- oder Schafkäse aus der Provence. Die bekanntesten Sorten kommen aus Banon. Diese frischen kleinen Käse müssen sehr rasch verzehrt werden. Sie schmecken nicht nur warm, sondern auch sehr gut kalt mit Kräutern und Olivenöl angemacht, etwa zu Kartoffeln in der Schale.

Zutaten für 4 Personen:

400 g vorwiegend festkochende Kartoffeln
250 g grüner Spargel
50 g tiefgekühlte Erbsen
2 Schalotten
100 g gegarte und geschälte Garnelen
4 EL Olivenöl
Salz
schwarzer Pfeffer
1 Prise Zucker
6 Eier

Zubereitungszeit: 1 Std.
Pro Portion etwa:
1140 kJ / 270 kcal
16 g EW / 14 g F / 20 g KH

Aus Spanien

Grüne Spargel-Tortilla mit Garnelen

1 Die Kartoffeln schälen und in dünne Scheiben schneiden. Den Spargel am unteren Drittel schälen, die Enden abschneiden, die Stangen schräg in feine Scheiben schneiden. Die Erbsen antauen lassen. Die Schalotten schälen und klein würfeln. Die Garnelen in einem Sieb gut abtropfen lassen.

2 Das Öl in einer beschichteten Pfanne (26 cm ø) erhitzen, die Kartoffeln darin bei mittlerer Hitze unter Wenden 10 Min. braten, aber nicht braun werden lassen. Dann den Spargel und die Schalotten dazugeben und weitere 10 Min. unter Rühren braten, dabei die Hälfte der Zeit zudecken. Die Erbsen und Garnelen hinzufügen, alles mit Salz, Pfeffer und Zucker abschmecken.

3 Die Eier verschlagen und kräftig würzen, unter die Zutaten in der Pfanne mischen und bei starker Hitze in 1 Min. stocken lassen. Dann auf schwache Hitze herunterschalten und die Kartoffel-Tortilla noch 10–15 Min. garen. Dabei die Pfanne gelegentlich hin- und herrütteln, damit die Tortilla nicht ansetzt. Wenn die Oberseite nicht mehr flüssig ist, die Tortilla auf einen Teller gleiten lassen, auf einen zweiten Teller wenden und mit der gebräunten Seite nach oben wieder in die Pfanne gleiten lassen. Noch 2–3 Min. garen.

Tip: Die gebackene Tortilla können Sie heiß oder kalt als Vorspeise (Tapa), Brotbelag oder Beilage servieren. Mit einem frischen Salat ist sie ein schmackhaftes Hauptgericht für 2 Personen.

Variante:
Herzhafte Möhren-Tortilla

Die Kartoffeln wie beschrieben vorbereiten und im Olivenöl braten. Dann 200 g Möhrenstifte, 3 EL Zwiebelwürfel und 1 zerdrückte Knoblauchzehe 10 Min. mitbraten, salzen und pfeffern. 100 g gekochten Schinken in Würfeln unterheben. 6 Eier, Salz und Pfeffer mit 1 TL Thymianblättchen und 4 EL gehackter Petersilie verquirlen. In die Pfanne gießen und untermischen. Die Tortilla von beiden Seiten wie beschrieben goldgelb backen.

Kartoffelgaletten mit Räucherlachs

Zutaten für 4 Personen:

4 kleine, vorwiegend festkochende Kartoffeln
1 Ei
1 EL gehackter Kerbel
2 EL Schnittlauchröllchen
Salz
Pfeffer
2–3 EL Butterschmalz
100 g Räucherlachs in feinen Scheiben

Zubereitungszeit: 30 Min.
Pro Portion etwa:
720 kJ / 170 kcal
8 g EW / 9 g F / 15 g KH

Schnell

1 Die Kartoffeln schälen, waschen und mit Küchenpapier gut abtrocknen. Das Ei in einer Schüssel verquirlen. Die Kartoffeln fein raspeln und sofort mit dem Ei mischen. Kerbel und 1 EL Schnittlauch unterrühren. Mit Salz und Pfeffer abschmecken.

2 Das Butterschmalz in einer großen Pfanne erhitzen. Aus der Kartoffelmasse mit einem Eßlöffel kleine Plätzchen hineinsetzen, eventuell etwas verstreichen und von beiden Seiten bei mittlerer Hitze in je 3–4 Min. knusprig braten.

3 Die Galetten auf gut vorgewärmten Tellern anrichten und mit den Lachsscheiben belegen. Mit dem übrigen Schnittlauch garnieren.

Tips: Den Räucherlachs können Sie durch rohen, mit Dill marinierten Lachs (Graved Lachs), aber auch durch geräucherte Forellenfilets oder Stör ersetzen. Schlagsahne, mit etwas geriebenem Meerrettich vermischt, paßt als Beilage besonders gut dazu.

Wer möchte, kann die Kräuter durch 1 feingehackte Schalotte ersetzen. Beim Anrichten die Galetten mit 1 Scheibe Räucherlachs belegen. Je 1 EL Crème fraîche oder saure Sahne daraufgeben und mit echtem Kaviar garnieren. Oder halb Kaviar, halb Lachskaviar nehmen. Ebenfalls köstlich sind die Galetten, wenn man sie nur mit Kaviar und Crème fraîche serviert.

AUS DEM TOPF

Zutaten für 2 Personen:

600 g kleine neue Kartoffeln
1 TL Kümmel · Salz
250 g Quark · 6 EL Milch
2 Frühlingszwiebeln
1 Bund frische Kräuter (Petersilie, Schnittlauch, Basilikum)
1/2 Kästchen Gartenkresse
weißer Pfeffer

Zubereitungszeit: 30 Min.
Pro Portion etwa:
1730 kJ / 415 kcal
24 g EW / 12 g F / 58 g KH

Vegetarisch

Frühlingskartoffeln mit Quark

1 Die Kartoffeln waschen, in einen Topf geben, Wasser angießen. Mit dem Kümmel und etwas Salz würzen und bei mittlerer Hitze zugedeckt in 25–30 Min. gar kochen.

2 Inzwischen den Quark mit der Milch cremig rühren. Die Frühlingszwiebeln putzen, waschen und kleinschneiden. Die Kräuter kurz abbrausen und fein hacken. Die Kresse vom Beet schneiden. Frühlingszwiebeln und Kräuter unter den Quark rühren und mit Salz und Pfeffer abschmecken.

3 Die gegarten Kartoffeln abgießen und ausdämpfen lassen. In eine Schüssel füllen und mit dem Quark servieren.

Neue Kartoffeln mit Kräutercreme

1 Die Kartoffeln gründlich waschen und bürsten. In einen Topf geben, Wasser angießen, leicht salzen und aufkochen lassen. Zugedeckt bei mittlerer Hitze 25–30 Min. garen.

2 Inzwischen für die Sauce den Schmand mit der Butter in einem Topf verrühren und leicht erhitzen. Die Petersilie und den Dill waschen, die Blätter abzupfen, einige beiseite legen, die übrigen fein hacken. Den Schnittlauch in feine Röllchen schneiden. Die Kräuter unter den Schmand rühren, mit Salz und Zitronensaft würzen.

3 Die Kartoffeln abgießen, 1–2 Min. offen ausdämpfen lassen. In einer vorgewärmten Schüssel anrichten, leicht salzen und mit der Sauce übergießen. Mit den übrigen Kräutern garnieren.

Tips: Nach Belieben können Sie die Kartoffeln noch mit 20 g frisch geriebenem Emmentaler oder Gouda bestreuen.

Wer einen Topf mit guter Leitfähigkeit hat, kann den Herd schon nach 15–20 Min. Garzeit ausschalten.

Zutaten für 4 Personen:

1–1,2 kg kleine neue Kartoffeln
Salz
300 g Schmand (oder je 150 g Crème fraîche und saure Sahne)
1 EL Butter
1 Bund Petersilie
1 Bund Dill
1/2 Bund Schnittlauch
einige Spritzer Zitronensaft

Zubereitungszeit: 30 Min.
Pro Portion etwa:
1805 kJ / 430 kcal
7 g EW / 26 g F / 44 g KH

Schnell

Zutaten für 4 Personen:
1 große Zwiebel
2 EL Butter
800 g festkochende Kartoffeln
3/8 l Gemüsebrühe
150 g Crème fraîche
400 g Zucchini
250 g Zuckerschoten
2 Stangen Lauch
Salz
Pfeffer
1 Msp. Cayennepfeffer
2 Bund Basilikum

Zubereitungszeit: 45 Min.
Pro Portion etwa:
1860 kJ / 445 kcal
10 g EW / 23 g F / 52 g KH

Gelingt leicht

Grünes Kartoffel-Gemüse-Ragout

1 Die Zwiebel schälen und in kleine Würfel schneiden. In einem großen Topf die Butter schmelzen und die Zwiebel darin bei schwacher Hitze in 15 Min. weich dünsten.

2 Inzwischen die Kartoffeln schälen, waschen und in Würfel von 1 1/2 cm Kantenlänge schneiden. Die Kartoffelwürfel zur Zwiebel in den Topf geben und kurz mitdünsten. Mit der Gemüsebrühe aufgießen, die Crème fraîche untermischen und alles 10 Min. zugedeckt köcheln lassen.

3 Die Zucchini putzen, waschen, längs vierteln und in Stücke in der Größe der Kartoffeln schneiden. Die Zuckerschoten putzen, von den Enden befreien und schräg in breite Streifen schneiden. Die Lauchstangen putzen, waschen und in schmale Ringe schneiden. Das Gemüse zu den Kartoffeln in den Topf geben.

4 Das Gemüseragout mit Salz, Pfeffer und Cayennepfeffer würzen und zugedeckt bei schwacher Hitze 15 Min. köcheln lassen. Inzwischen das Basilikum waschen, abzupfen und die Blättchen in feine Streifen schneiden. Das Gemüseragout abschmecken und nach Belieben nachwürzen. Vor dem Servieren das Basilikum einstreuen.

Variante:
Kartoffel-Gemüse-Ragout mit Huhn

Das Ragout wie im Rezept beschrieben zubereiten. 4 Hühnerbrustfilets in Stücke schneiden und bei Punkt 4 mit dem Gemüse dazugeben. Oder in Butterschmalz rundherum braten und 5 Min. vor Garzeitende dazugeben.

Zutaten für 4 Personen:

- 600 g Lammfleisch (Brust, Schulter)
- 1 Bund Suppengrün
- 1 Zwiebel
- 2 Knoblauchzehen
- 1 Lorbeerblatt
- 8 Pfefferkörner
- Salz
- 800 g festkochende Kartoffeln
- 3 Möhren
- 2 Petersilienwurzeln
- 2 Stangen Lauch
- je 1/2 TL Majoran, Thymian, Kümmel
- 1 Bund Petersilie
- eventuell Streuwürze

Zubereitungszeit: 1 1/2 Std.
Pro Portion etwa:
2630 kJ / 630 kcal
32 g EW / 33 g F / 56 g KH

Gelingt leicht

Kartoffeleintopf mit Lamm

1 Das Fleisch mit Wasser bedecken und zum Kochen bringen. Das Suppengrün abspülen, Zwiebel und Knoblauch schälen. Mit Lorbeerblatt, Pfefferkörnern und etwas Salz zum Fleisch geben und alles bei schwacher Hitze offen 1 Std. köcheln, aber nicht kochen lassen.

2 In der Zwischenzeit Kartoffeln, Möhren und Petersilienwurzeln waschen und schälen. Kartoffeln in Würfel, Gemüse in Scheiben schneiden. Lauch längs aufschlitzen, gründlich kalt abspülen und in kleine Stücke schneiden.

3 Ist das Fleisch gar, die Brühe durch ein Sieb in einen zweiten Topf gießen. Kartoffeln und Gemüse hinzufügen, mit Majoran, Thymian und Kümmel würzen. Alles 25–30 Min. köcheln lassen.

4 Währenddessen das Fleisch in kleine, mundgerechte Stücke schneiden. Die Petersilie abbrausen und fein hacken. In den fertigen Eintopf geben und eventuell mit etwas Streuwürze abschmecken.

Dazu schmeckt frisches Bauernbrot.

Tip: Sie können den Eintopf auch mit Rindfleisch, Kasseler oder deftigen Würsten (Debreziner, Knackwürsten, gebratenen Blutwurstscheiben oder Fleischwurst) zubereiten.

Als Getränk zum Eintopf trockenen Rotwein, z. B. Chianti, servieren.

Zutaten für 4–6 Personen:

- 500 g frischer Schweinebauch
- 1 TL Kümmel
- 2 Knoblauchzehen
- Salz
- Pfeffer
- 2 EL Paprika, edelsüß
- 1 kg vorwiegend festkochende Kartoffeln
- 2 mittelgroße Zwiebeln
- 2 EL Schweine- oder Butterschmalz
- 2 EL Essig
- 1/4–1/2 l heiße Fleischbrühe (Instant)
- 1 kleine Dose geschälte Tomaten (400 g Inhalt)
- 50 g saure Sahne
- 1 Bund Schnittlauch

Zubereitungszeit: 1 Std.
Bei 6 Personen pro Portion etwa: 3035 kJ / 725 kcal
32 g EW / 49 g F / 59 g KH

Preiswert

Ungarisches Kartoffelgulasch

1 Den Schweinebauch in etwa 2 1/2 cm große Würfel schneiden. Den Kümmel im Mörser zerstoßen. Knoblauch schälen und klein würfeln. Das Fleisch kräftig mit Salz, Pfeffer, Kümmel, Knoblauch und 1 EL Paprikapulver würzen.

2 Die Kartoffeln schälen, waschen und in Würfel schneiden. Die Zwiebeln schälen und grob würfeln.

3 In einem Schmortopf das Schmalz erhitzen. Das Fleisch darin bei starker Hitze anbraten. Die Zwiebeln kurz mit anrösten. Restliches Paprikapulver unterrühren und sofort mit dem Essig ablöschen. Mit der Brühe aufgießen, die Kartoffeln und die Tomaten hinzufügen, Tomaten zerkleinern und alles 20–25 Min bei schwacher Hitze köcheln lassen. Nochmals abschmecken.

4 Den Schnittlauch abspülen und in feine Röllchen schneiden. Auf jede Portion Kartoffelgulasch 1 Klecks saure Sahne und etwas Schnittlauch geben. Oder die saure Sahne extra dazu servieren.

Tip: Statt Schweinebauch 300 g Debreciner Würste kleinschneiden und kurz vor Ende der Garzeit unter das Gulasch mischen. Zusätzlich 1 grüne Paprikaschote in Streifen schneiden und mitköcheln lassen. Statt saurer Sahne 200 g Joghurt mit 1 TL Mehl verquirlen und zum Schluß unterrühren.

Zutaten für 4 Personen:
700 g festkochende Kartoffeln
2 kleine Auberginen (etwa 400 g)
1 rote Paprikaschote
2 Zwiebeln
2–3 Knoblauchzehen
1–2 grüne Chilischoten
500 g Tomaten
150 ml Olivenöl
Salz
1 TL Paprika, edelsüß
1/2–1 TL gemahlener Kreuzkümmel
schwarzer Pfeffer
1/8 l Gemüsefond (aus dem Glas)
3–4 Zweige frische Minze
1 EL Zitronensaft
150 g Joghurt

Zubereitungszeit: 1 Std.
Pro Portion etwa:
2215 kJ / 530 kcal
8 g EW/ 37 g F/ 46 g KH

Vegetarisch

Scharfes Kartoffel-Auberginen-Gemüse

1 Die Kartoffeln schälen, waschen und in dünne Scheiben schneiden. Die Auberginen waschen, längs vierteln und quer in knapp 1 cm dicke Scheiben teilen. Die Paprikaschote waschen, halbieren, putzen und in feine Streifen, die Zwiebeln schälen und in feine Ringe schneiden. Die Knoblauchzehen schälen. Chilischoten putzen, entkernen, waschen und klein würfeln. Stielansätze der Tomaten entfernen, Tomaten kurz überbrühen, häuten und kleinhacken.

2 In einer großen schweren Pfanne das Olivenöl erhitzen, die Kartoffeln und Auberginen darin nacheinander bei starker Hitze in je 5 Min. goldgelb braten. Mit einem Schaumlöffel herausheben und auf Küchenpapier abtropfen lassen, salzen.

3 Das Öl bis auf 2 EL abgießen, darin die Zwiebeln und Paprikastreifen 3 Min. bei mittlerer Hitze dünsten. Paprikapulver, Kreuzkümmel, zerdrückten Knoblauch, Chilischoten, 1/2 TL Salz und Pfeffer hinzufügen und 1 Min. anrösten. Tomaten und Gemüsefond unterrühren, 5 Min. köcheln lassen.

4 Die Kartoffeln und Auberginen in einem breiten Schmortopf mit der Zwiebel-Tomaten-Mischung verrühren. Den Deckel auflegen und alles bei schwacher Hitze 10 Min. leise köcheln lassen.

5 Die Minze abspülen, trockenschütteln und einige Blättchen zum Garnieren beiseite legen. Den Rest grob hacken, mit dem Zitronensaft zum Schluß dazugeben. Noch 1 Min. kochen lassen, mit Salz und Pfeffer abschmecken. Mit Joghurt und Minze garniert servieren.
Dazu schmecken als Beilage gebratene Lammkoteletts.

Variante:
Indische Kartoffeln mit Auberginen

1 gehackte Zwiebel in 2 EL Öl glasig dünsten, je 1 TL gemahlenen Kreuzkümmel und Koriander dazugeben, anrösten. 1 haselnußgroßes Stück gehackten Ingwer, 2 zerdrückte Knoblauchzehen, 1/2 TL Cayennepfeffer, 1/2 TL gemahlene Kurkuma (Gelbwurz), Salz und 1/8 l Wasser dazugeben und in 2 Min. zu einer Paste köcheln. Darin die rohen Auberginen, Kartoffeln, Paprikastreifen und Tomaten mit 200 ml Wasser 20–25 Min. köcheln lassen. Gehacktes Koriandergrün aufstreuen.

Safrankartoffeln mit Fisch

Zutaten für 6 Personen:

1 kg gemischte Fischsteaks (z. B. Seeteufel, Lachs, Kabeljau)
Salz · 2 EL Zitronensaft
300 g Venusmuscheln
1 1/2 kg festkochende Kartoffeln
2 Scheiben Toastbrot · 1 Zwiebel
1 grüne Paprikaschote · 1 Tomate
4 EL Olivenöl · 3 Knoblauchzehen
50 g gehäutete Mandeln
10 schwarze Pfefferkörner
2 Gewürznelken
1 Döschen gemahlener Safran
1/2 TL Paprika, edelsüß
1 TL Thymianblättchen
1/2 l Hühner- oder Gemüsebrühe
1 Lorbeerblatt
4 Artischockenherzen (aus der Dose)

Zubereitungszeit: 1 1/2 Std.
Pro Portion etwa:
2020 kJ / 485 kcal
48 g EW / 10 g F / 52 g KH

Für Gäste

1 Fischsteaks mit Salz und Zitronensaft würzen. Muscheln kalt abbrausen, geöffnete Muscheln wegwerfen.

2 Kartoffeln schälen, waschen und vierteln. Brot entrinden und würfeln. Zwiebel schälen, Paprikaschote waschen und putzen, beides würfeln. Tomate häuten, vierteln, entkernen und hacken.

3 2 EL Olivenöl erhitzen. Knoblauch schälen, im Öl mit Mandeln und Brot goldbraun braten. Mit Pfefferkörnern, Nelken, Safran, Paprika, Thymian und 1 1/2 TL Salz pürieren, dabei 6–7 EL Brühe hinzufügen.

4 Das übrige Öl erhitzen, Fisch beidseitig darin anbraten, herausnehmen. Zwiebel und Paprika unter Rühren bei mittlerer Hitze 3 Min. dünsten. Tomatenwürfel kurz mitdünsten. Muscheln, Mandelpaste, Lorbeer und Kartoffeln hinzufügen, die übrige Brühe angießen. Zugedeckt bei schwacher Hitze 10–15 Min. köcheln lassen. Fisch auf die Kartoffeln legen und weitere 10 Min. mitdünsten.

5 Artischockenherzen halbieren und neben den Fisch geben. Alles neben dem Herd zugedeckt noch 10 Min. ziehen lassen.

Das besondere Rezept !

Kartoffeln, kombiniert mit edlen Zutaten – eine Verbindung, die auch anspruchsvolle Gäste überzeugen wird. Damit Sie am Abend der Einladung nicht zu lange in der Küche stehen, können Sie alles bis einschließlich Punkt 3 wunderbar vorbereiten und zugedeckt beiseite stellen. Während die Kartoffeln und der Fisch garen, können Sie einen Salat als kleine Beilage – besonders fein Portulak und Rucola oder Radicchio mit einer leichten Vinaigrette und fein gehobelten Haselnüssen – zubereiten oder das Dessert anrichten. Am besten schmeckt ein cremiges Dessert – zum Beispiel Panna cotta oder eine Bayerische Creme mit Beeren. Als Getränk paßt am besten ein leichter trockener Weißwein, z. B. ein Galestro aus der Toskana.

Zutaten für 4 Personen:

2 Stangen Lauch
1 große Zwiebel
1 Fenchelknolle
2 große reife Tomaten
4 große vorwiegend festkochende Kartoffeln (etwa 600 g)
2 EL Olivenöl
2 Knoblauchzehen
1 Lorbeerblatt
1 Selleriezweig
1 Stück unbehandelte Orangenschale
1 l Gemüsebrühe
1 Prise Safranfäden oder -pulver
Salz
Pfeffer
400 g Seeteufelfilet
2 EL frisch gehackte Petersilie

Zubereitungszeit: 1 Std.
Pro Portion etwa:
1775 kJ / 425 kcal
25 g EW / 10 g F / 61 g KH

Gelingt leicht

Kartoffeln nach Marseiller Art

1 Den Lauch putzen, gründlich waschen und in feine Ringe schneiden. Die Zwiebel schälen, den Fenchel putzen und waschen. Beides halbieren und in feine Streifen schneiden. Die Stielansätze der Tomaten entfernen. Die Tomaten kurz überbrühen, häuten, halbieren, gut ausdrücken und in kleine Würfel schneiden. Die Kartoffeln schälen, waschen, in dicke Scheiben schneiden.

2 Das Olivenöl in einem Topf erhitzen. Lauch, Zwiebel und Fenchel darin glasig dünsten. Die Tomaten bei mittlerer Hitze mitdünsten, bis der Tomatensaft verdampft ist. Den Knoblauch schälen und dazupressen, das Lorbeerblatt, den Selleriezweig und die Orangenschale hinzufügen.

3 Die Kartoffeln unter die Tomatenmasse mischen und mit der Brühe begießen. Alles 25–30 Min. garen, bis die Kartoffeln weich sind.

4 Dann erst den Safran unterrühren und alles mit Salz und Pfeffer abschmecken. Den Seeteufel in mundgerechte Stücke schneiden und 3 Min. bei schwacher Hitze in dem Eintopf ziehen lassen. Die Orangenschale entfernen, das Gericht anrichten und mit der Petersilie bestreuen.

Tips: Den Fisch können Sie durch geschälte Scampi, Miesmuscheln oder andere Meeresfrüchte ersetzen.

Als vegetarische Variante schmecken statt Fisch 1–2 pochierte Eier pro Person. Mit getoastetem Bauernbrot servieren.

Dazu paßt ein leichter trockener Weißwein, z. B. ein Galestro.

Zutaten für 4 Personen:
750 g Lammkeule ohne Knochen
3 EL Olivenöl
3 Knoblauchzehen
Salz
Pfeffer
je 1 TL getrockneter Thymian und Oregano
1/4 l trockener Weißwein
800 g festkochende Kartoffeln
1 kleine Dose geschälte Tomaten (400 g Inhalt)
150 g Crème fraîche
1 große Fenchelknolle (etwa 400 g)
2 EL Zitronensaft

Zubereitungszeit: 1 Std.
Pro Portion etwa:
2505 kJ / 600 kcal
32 g EW / 31 g F / 39 g KH

Gelingt leicht

Kartoffel-Lamm-Ragout mit Fenchel

1 Das Lammfleisch in Würfel von 2 cm Größe schneiden. In einem breiten Topf das Olivenöl erhitzen und das Fleisch darin portionsweise kräftig anbraten. Den Knoblauch schälen und dazupressen. Das Fleisch mit Salz, Pfeffer, Thymian und Oregano würzen und mit dem Weißwein ablöschen. Zugedeckt 15 Min. bei mittlerer Hitze schmoren lassen.

2 Inzwischen die Kartoffeln schälen und waschen. Dann ebenfalls in Würfel schneiden und unter das Fleisch mischen. Die Tomaten samt Saft sowie die Crème fraîche unterrühren, aufkochen und weitere 15 Min. schmoren lassen.

3 Den Fenchel putzen und waschen, das Fenchelgrün abschneiden und beiseite legen. Die Fenchelknolle einmal längs vierteln, dann quer in 1 cm breite Streifen schneiden. Unter das Ragout mischen, weitere 15 Min. schmoren lassen.

4 Das Fenchelgrün fein hacken. Das Ragout mit Salz, Pfeffer und Zitronensaft abschmecken und auf Teller verteilen. Mit dem Fenchelgrün bestreuen.

Tips: Anstelle der Dosentomaten können Sie im Sommer 500 g reife Fleischtomaten überbrühen, häuten, grob zerschneiden und untermischen.

Statt Fenchel können Sie 300 g kleine, in dickere Scheiben geschnittene Zucchini verwenden und 15–20 Min. mitschmoren.

Der Tip vom Profi !

Masala ist eine indische Gewürzmischung, die im Gegensatz zum bekannteren Currypulver braun ist. In der Regel enthält sie Koriander, Kreuzkümmel, Pfefferkörner, Kardamom, Zimt und Gewürznelken. Das Pulver kann allerdings in unterschiedlichen Mengen gemischt sein. Lassen Sie sich also am besten beim Einkauf im Asienladen beraten.

Zutaten für 4 Personen:

2 EL frisch geriebene Kokosnuß (ersatzweise Kokosraspel)
1 kg festkochende Kartoffeln
1 große Zwiebel
2 frische grüne Chilischoten
3 Frühlingszwiebeln
1 TL Kurkuma (Gelbwurz)
Salz
1 Stück frischer Ingwer (etwa 2 cm)
2 TL Garam masala (Gewürzmischung; Asienladen)
1 EL Öl
1 TL schwarze Senfkörner
1 Bund frischer Koriander

Zubereitungszeit: 45 Min.
Pro Portion etwa:
920 kJ / 220 kcal
6 g EW / 3 g F / 44 g KH

Aus Indien

Kartoffel-Masala-Curry

1 Die Kokosraspel in einer trockenen Pfanne bei mittlerer Hitze unter Rühren goldbraun rösten.

2 Die Kartoffeln schälen, waschen und in Würfel schneiden. Die Zwiebel schälen und fein hacken, die Chilischoten putzen, entkernen, waschen und winzig klein würfeln. Die Frühlingszwiebeln waschen, putzen und in feine Ringe schneiden.

3 Kartoffeln, Zwiebel, Kurkuma, Salz und Chillie in einen Topf geben, knapp mit Wasser bedecken, aufkochen lassen und zugedeckt bei mittlerer Hitze in 8 Min. halbweich garen.

4 Inzwischen den Ingwer schälen und fein reiben, mit den Kokosraspeln und dem Garam masala gut vermischen. Zu den Kartoffeln geben und diese in weiteren 8 Min. bißfest kochen.

5 Das Öl in einer Pfanne erhitzen. Die Senfkörner darin anrösten, bis sie duften. Die Frühlingszwiebeln 3 Min. mitdünsten, unter das Curry rühren. Mit Salz abschmecken. Koriander waschen, abzupfen und hacken, zum Schluß aufstreuen.

Würziger Kartoffeltopf mit Linsen

Zutaten für 4 Personen:

2 große Zwiebeln
1 Möhre
4 EL Butter
1 Lorbeerblatt
1 l Gemüsebrühe
150 g getrocknete braune Linsen
500 g mehligkochende Kartoffeln
1 TL Senfpulver
400 g Hähnchenbrust ohne Knochen
1–2 EL Garam masala (Gewürzmischung; Asienladen; ersatzweise Currypulver)
1/2 TL Zimtpulver
1/2 TL gehackte Chilischote oder Chilipulver
Salz · Pfeffer
1 EL gehackte Korianderblätter (nach Belieben)

Zubereitungszeit: 1 1/2 Std.
Pro Portion etwa:
2510 kJ / 600 kcal
39 g EW / 18 g F / 74 g KH

Aus Indien

1 Die Zwiebeln schälen und hacken. Die Möhre schälen und in sehr kleine Würfel schneiden.

2 In einem Topf 1 EL Butter erhitzen. Die Möhre und ein Drittel der Zwiebeln darin glasig dünsten. Das Lorbeerblatt und die Brühe hinzufügen. Die Linsen dazugeben und alles zugedeckt 30 Min. bei schwacher Hitze garen.

3 Inzwischen die Kartoffeln schälen, waschen und in 2 cm große Würfel schneiden. Mit dem Rest der Zwiebeln in 1 EL Butter glasig dünsten. Mit dem Senfpulver bestreuen und gut durchmischen. Die Kartoffeln zu den Linsen in den Topf geben und alles weitere 10–20 Min. garen, bis Linsen und Kartoffeln fast weich sind.

4 Die Hähnchenbrust kalt waschen, trockentupfen und ebenfalls klein würfeln. Die restliche Butter erhitzen, die Hühnerwürfel darin bei mittlerer Hitze 2–3 Min. unter Wenden braten. Das Fleisch zu den Linsen und Kartoffeln geben, weitere 10 Min. garen.

5 Den Kartoffeltopf mit Garam masala oder Currypulver, Zimt und Chillie, Salz und Pfeffer abschmecken. Vor dem Servieren nach Belieben die gehackten Korianderblätter unterziehen.

Tip: Die genaue Garzeit der braunen Linsen hängt von deren Qualität und Lagerzeit ab. Man kann sie auch 2–3 Min. mit Wasser kochen und 1 Std. quellen lassen und danach, je nach Weichheit, nur noch 10–20 Min. garen. Hellgrüne, hellgelbe oder rote Linsen benötigen in der Regel nur 10–15 Min. Garzeit und müssen nicht eingelegt werden. Sie werden allerdings in Indien kaum verwendet.

Zutaten für 6 Personen:
1 Zwiebel
1 Knoblauchzehe
750 g vorwiegend festkochende Kartoffeln
750 g süße Äpfel
750 g durchwachsener Räucherspeck
2 EL Butterschmalz
1 TL Zucker
1/4 l Fleischbrühe
1/2 TL Bohnenkraut
1 Prise Nelkenpulver
Salz
Pfeffer

Zubereitungszeit: 1 Std.
Pro Portion etwa:
3800 kJ / 910 kcal
43 g EW / 67 g F / 33 g KH

Gelingt leicht

Aargauer Topf

1 Die Zwiebel und den Knoblauch schälen und fein hacken. Die Kartoffeln schälen, waschen und in etwa 2 cm große Würfel schneiden. Die Äpfel waschen, ungeschält vierteln oder achteln und das Kerngehäuse entfernen. Den Speck in 8 Stücke teilen.

2 In einem Topf Wasser zum Kochen bringen. Den Speck darin bei mittlerer Hitze 20 Min. köcheln lassen.

3 Das Butterschmalz in einem großen Topf erhitzen. Die Zwiebel und den Knoblauch darin 1–2 Min. andünsten. Die Kartoffelwürfel, die Apfelviertel und den Zucker hinzufügen. Weiterdünsten, bis der Zucker leicht Farbe annimmt. Mit der Brühe ablöschen. Alles gut mischen.

4 Den Speck abgießen, mit dem Bohnenkraut zu den Kartoffeln geben und alles bei schwacher Hitze 30–40 Min. schmoren lassen. Die Kartoffeln und die Äpfel sollen dabei sehr weich werden, damit sich die verschiedenen Aromen verbinden. Mit Nelkenpulver, Salz und Pfeffer abschmecken. In Suppentellern anrichten.

Tip: Sie können auch Äpfel und Birnen mischen oder Dörrobst verwenden, das Sie zuvor über Nacht eingeweicht haben.

Variante:
Aargauer Topf auf leichte Art

500 g Kartoffeln mit der Schale kochen, noch warm schälen und in Scheiben schneiden. 1 kg Äpfel oder Äpfel und Birnen gemischt schälen, vom Kerngehäuse befreien und in gleich große Scheiben schneiden. Alles lagenweise mit 1 großen gehackten, in Butter gedünsteten Zwiebel in eine gefettete Gratinform einschichten. Mit Salz, Pfeffer und etwas Majoran würzen, mit 3–4 EL Semmelbröseln und wenig Butterflocken bestreuen und im Ofen bei 200° (Umluft 180°) 30 Min. gratinieren.

Zutaten für 4 Personen:
1 Zwiebel
1 kg Kabeljau oder Seehecht
Salz
1 EL Zitronensaft
1 Lorbeerblatt
1 Selleriezweig
500 g Lauch
800 g vorwiegend festkochende Kartoffeln
50 g frischer Meerrettich
1 EL Butter
Pfeffer
300 g Joghurt
1 TL Speisestärke
1 EL Dillspitzen

Zubereitungszeit: 1 Std. 20 Min.
Pro Portion etwa:
1865 kJ / 445 kcal
52 g EW / 7 g F / 42 g KH

Preiswert

Nordischer Kartoffeleintopf

1 Die Zwiebel schälen, halbieren und in Scheiben schneiden. Den Fisch in 4 etwa gleich große Scheiben schneiden, salzen und mit Zitronensaft beträufeln.

2 In einem Topf 1 l Wasser aufkochen, das Lorbeerblatt, den Sellerie, die Zwiebel und 1 TL Salz hinzufügen. 10 Min. kochen lassen.

3 Die Fischscheiben in den Sud geben und bei schwacher Hitze 8 Min. darin ziehen lassen. Den Fisch vorsichtig aus dem Sud heben, in eine Schüssel geben und mit etwas Sud bedecken. Den restlichen Sud durch ein Sieb gießen und aufbewahren.

4 Den Lauch putzen, gründlich waschen und in 1 cm breite Ringe schneiden. Die Kartoffeln schälen, waschen und in 3 mm dicke Scheiben schneiden. Den Meerrettich schälen.

5 Die Butter erhitzen, den Lauch darin andünsten. Die Kartoffelscheiben kurz mitdünsten. Die Hälfte des passierten Fischsuds hinzufügen. Alles 15–20 Min. zugedeckt bei mittlerer Hitze garen, bis die Kartoffeln weich, aber nicht zerfallen sind. Je nach Bedarf dabei noch etwas Fischsud angießen. Leicht salzen und pfeffern.

6 Den Meerrettich fein raffeln und sofort mit dem Joghurt und der Speisestärke verrühren.

7 Den Lauch und die Kartoffeln abgießen und wieder in den Topf geben. Den Meerrettich-Joghurt untermischen und die Fischscheiben darauf legen. In 5 Min. zugedeckt bei schwacher Hitze erwärmen, auf Suppentellern anrichten und mit Dill bestreuen.

Variante:
Kartoffeltopf mit pikanter Weißweinsauce

1 fein gehackte Schalotte in 2 EL Butter andünsten. Mit 1 1/2 EL Mehl bestäuben und unter Wenden 1–2 Min. dünsten. 1/4 l trockenen Weißwein hinzufügen, 3–4 Min. kochen lassen. 125 g Sahne und 1/8 l Milch mit 1 Eigelb verrühren, daruntermischen. Unter Rühren 5 Min. weitergaren, aber nicht kochen lassen. 600 g gekochte Kartoffelscheiben und 4 gehackte Sardellenfilets unter die Sauce ziehen. Mit sehr wenig Salz und weißem Pfeffer abschmecken. Mit Schnittlauchröllchen bestreuen.

Zutaten für 4 Personen:

500 g vorwiegend festkochende Kartoffeln
3 Möhren
2 Petersilienwurzeln
1 Stange Lauch
je 1/4 Sellerieknolle und Wirsingkopf
2 Zwiebeln
je 250 g Rinderbrust, Schweinenacken, Kalbfleisch (Nacken)
2 EL Butterschmalz
Salz
Pfeffer
je 1 1/2 TL Kümmel und getrockneter Majoran
1–2 Zweige Rosmarin
2 Lorbeerblätter
1 Bund Petersilie

Zubereitungszeit: 30 Min. (+ 2 Std. Garzeit)
Pro Portion etwa: 2470 kJ / 590 kcal
38 g EW / 30 g F / 46 g KH

Läßt sich gut vorbereiten

Pichelsteiner

1 Die Kartoffeln, Möhren und Petersilienwurzeln schälen, waschen und in Scheiben schneiden. Den Lauch längs aufschlitzen, gründlich waschen und in Streifen schneiden. Sellerie schälen und würfeln. Wirsing waschen, in schmale Streifen schneiden. Die Zwiebeln schälen und klein würfeln.

2 Das Fleisch in mundgerechte Stücke schneiden. In einem großen Topf (idealerweise aus Gußeisen) das Butterschmalz erhitzen, die Fleischwürfel darin portionsweise bei mittlerer Hitze anbraten. Ist das Fleisch rundherum braun angebraten, die Zwiebelwürfel kurz mitbraten. Alles mit Salz, Pfeffer, etwas Kümmel und Majoran würzen. Den Backofen auf 180° vorheizen.

3 Etwa zwei Drittel vom Fleisch aus dem Topf nehmen. Das übrige Fleisch gleichmäßig auf dem Topfboden verteilen und darauf eine Lage Kartoffeln und Gemüse legen. Alles mit etwas Salz, Pfeffer, Kümmel und Majoran würzen. Wieder jeweils eine Lage Fleisch, Kartoffeln und Gemüse einschichten und würzen. Rosmarin und Lorbeerblätter dazwischen legen. So weiter verfahren, bis alles in den Topf geschichtet ist.

4 3/4 l heißes Wasser (oder Brühe) angießen und den Pichelsteiner zugedeckt im Ofen (Mitte, Umluft 160°) 2 Std. garen. Nicht umrühren! Die Petersilie waschen, hacken und über das fertige Gericht streuen.

Dazu paßt am besten ein kühles Pils.

Bayerische Knödel mit Kraut

Zutaten für 4 Personen:

600 g mehligkochende Kartoffeln
1 TL Kümmel
1 Dose Sauerkraut (550 g Inhalt)
2 Zwiebeln
1 Lorbeerblatt
2 Gewürznelken
8 Pfefferkörner
5 Wacholderbeeren
2 El Butter- oder Schweineschmalz (und eventuell Speckreste)
100 g feste Blutwurst (z. B. Fränkische Bauernblutwurst)
Salz
frisch geriebene Muskatnuß
100 g Speisestärke
2 Eier
200 g durchwachsener Räucherspeck

Zubereitungszeit: 1 1/2 Std.
Pro Portion etwa:
2865 kJ / 685 kcal
28 g EW / 42 g F / 51 g KH

Preiswert

1 Die Kartoffeln am Vortag mit Wasser und 1/2 TL Kümmel in der Schale gar kochen.

2 Das Sauerkraut in einen Topf geben. Die Zwiebeln schälen, das Lorbeerblatt mit den Nelken an 1 Zwiebel feststecken. Mit den Pfefferkörnern und Wacholderbeeren zum Sauerkraut geben. 1 EL Schmalz (und eventuell Speck) und 1/2 l Wasser dazugeben. Bei schwacher Hitze zugedeckt 45 Min. köcheln lassen.

3 In einem großen Topf reichlich Salzwasser zum Kochen bringen. Die Blutwurst in kleine Würfel schneiden. Die Kartoffeln schälen und fein reiben. Mit Salz, Muskat, Speisestärke, Eiern und 2–3 EL kochendem Wasser zu einem geschmeidigen Teig verarbeiten. Mit feuchten Händen Knödel formen und in die Mitte jeweils 6–8 Blutwurstwürfel drücken. Im siedenden Wasser bei schwacher Hitze 30 Min. ziehen lassen (Garprobe machen, siehe Tip!).

4 Den Speck und die zweite Zwiebel in kleine Würfel schneiden. Restliches Schmalz erhitzen, den Speck knusprig ausbraten. Zwiebel mitbraten. Kraut und Knödel auf Teller geben und mit der Speck-Zwiebel-Mischung bestreuen.

Tips: Die Garprobe bei Klößen macht man so: Knödel mit zwei Gabeln aufreißen. Wenn der Teig in der Mitte nicht mehr glasig oder fest aussieht, ist der Knödel gar.

Wer möchte, gart das Kraut mit Apfelsaft statt mit Wasser. Ebenfalls gut: die Zwiebel würfeln, Wacholderbeeren leicht andrücken, in Schmalz andünsten.

Zutaten für 4–6 Personen:

- 50 g getrocknete Steinpilze
- 1 kg mehligkochende Kartoffeln
- Salz
- 200 g Mehl
- 100 g Grieß
- 1 Ei
- schwarzer Pfeffer
- 1 kg reife Tomaten
- 1 Zwiebel
- 2 Knoblauchzehen
- 2 EL Olivenöl
- 1 Lorbeerblatt
- 1 TL Thymianblättchen
- 50 g frisch geriebener Parmesan
- Mehl zum Bestäuben und Formen
- Thymian zum Garnieren

Zubereitungszeit: 2 Std.
Bei 6 Personen pro Portion etwa: 1445 kJ / 345 kcal
12 g EW / 9 g F/ 56 g KH

Läßt sich gut vorbereiten

Steinpilz-Gnocchi mit Tomatensugo

1 Die Pilze mit 1/4 l lauwarmem Wasser bedecken und 30 Min. quellen lassen. Dann abgießen, den Sud dabei auffangen und die Pilze sehr fein hacken.

2 Die Kartoffeln waschen, in Wasser mit Salz 25–30 Min. kochen, abgießen, heiß schälen und durch die Kartoffelpresse auf die bemehlte Arbeitsfläche drücken. Mit Mehl und Grieß, dem Ei, den Pilzen, 1 TL Salz und Pfeffer zu einem Teig verkneten.

3 Auf der mit Mehl bestäubten Fläche den Teig portionsweise zu fingerdicken Rollen formen. Jede Teigrolle in 3 cm lange Stücke schneiden und diese mit einer in Mehl getauchten Gabel leicht eindrücken. Alle Gnocchi auf ein bemehltes Tuch auf ein Tablett legen und offen 45 Min. kühl stellen.

4 Inwischen für die Sauce die Stielansätze der Tomaten entfernen. Die Tomaten kurz überbrühen, häuten, vierteln, entkernen und hacken. Die Zwiebel und die Knoblauchzehen schälen und fein würfeln.

5 In einem breiten Topf das Öl erhitzen, Zwiebel und Knoblauch darin andünsten. Den Einweichsud der Pilze, die gehackten Tomaten, Lorbeer und Thymian einrühren. Salzen und pfeffern, bei schwacher Hitze offen 30 Min. köcheln lassen.

6 In einem großen Topf reichlich Salzwasser zum Kochen bringen. Die Gnocchi in 2–3 Portionen hineingeben und jeweils 4–5 Min. leise sieden lassen, bis sie nach oben steigen. In einem Sieb abtropfen lassen, auf einer vorgewärmten Platte anrichten und mit dem Parmesan bestreut servieren. Die Sauce dazu reichen, mit Thymian garnieren.

Dazu paßt ein kräftiger Rotwein, z. B. ein Chianti classico.

Zutaten für 4 Personen:
750 g mehligkochende Kartoffeln
Salz
125 g Butter
2 Eigelbe
schwarzer Pfeffer
1/4 TL abgeriebene unbehandelte Zitronenschale
200 g Mehl
2 mittelgroße Möhren
12 frische Salbeiblätter
Mehl für die Arbeitsfläche

Zubereitungszeit: 1 Std. (+ 45 Min. Ruhezeit)
Pro Portion etwa: 2385 kJ / 580 kcal
10 g EW / 29 g F / 69 g KH

Vegetarisch

Südtiroler Knödelchen in Salbeibutter

1 Die Kartoffeln waschen, in der Schale mit Wasser und Salz in 25–30 Min. gar kochen. Abgießen, etwas ausdämpfen lassen, schälen und sofort durch die Kartoffelpresse auf ein bemehltes Arbeitsbrett drücken. Etwas abkühlen lassen.

2 Das Püree mit 25 g Butter, den Eigelben, 1 TL Salz, etwas Pfeffer und Zitronenschale verkneten, dann das Mehl rasch einarbeiten.

3 Den Teig auf der bemehlten Arbeitsfläche portionsweise zu Rollen von 2 cm Durchmesser formen und in fingerdicke Scheiben schneiden. Diese über den Rücken einer bemehlten Gabel rollen, so daß muschelförmige Nocken entstehen. Die Knödelchen auf einem bemehlten Tuch 45 Min. ruhen lassen.

4 In einem großen Topf reichlich Salzwasser zum Kochen bringen. Die Nocken in 2–3 Portionen einlegen und jeweils 5 Min. leise simmern lassen, bis sie nach oben steigen. Mit einem Schaumlöffel herausheben und in kaltem Wasser abschrecken, gut abtropfen lassen.

5 Die Möhren schälen und in sehr feine Stifte schneiden. Die Salbeiblätter waschen und gut trockentupfen. Die restliche Butter in einer großen Pfanne aufschäumen lassen, die Möhrenstifte darin 2 Min. dünsten, den Salbei hinzufügen und kurz mitdünsten. Die Knödelchen einlegen und leicht braten. Heiß servieren.

Tip: Kanederli, wie die kleinen Nocken in Südtirol heißen, können Sie mit frisch geriebenem Parmesan und einem grünen Salat als Hauptgericht servieren oder als Vorspeise für 6 Personen. Sie schmecken auch hervorragend zu gefüllten Kalbsschnitzeln mit Parmaschinken.

Dazu paßt ein leichter Rotwein aus Südtirol, z. B. ein Marzemino.

Böhmische Zwetschgenknödel

Zutaten für 4 Personen:

400 g mehligkochende Kartoffeln
100 g Mehl
25 g Grieß
20 g weiche Butter
1 Eigelb
50 g Zucker
Salz
10–12 reife Zwetschgen
10–12 Stück Würfelzucker
150 g Butter
100 g Semmelbrösel
2–3 EL Puderzucker

Zubereitungszeit: 1 1/2 Std.
Pro Portion etwa:
3550 kJ / 850 kcal
10 g EW / 39 g F / 119 g KH

Gelingt leicht

1 Die Kartoffeln waschen und in der Schale mit Wasser in 25–30 Min. gar kochen. Abgießen, Kartoffeln etwas ausdämpfen lassen, schälen und noch heiß durch die Kartoffelpresse drücken. Die Masse erkalten lassen.

2 Mehl, Grieß, Butter, Eigelb, Zucker und 1/2 TL Salz unter die Kartoffelmasse arbeiten und den Teig 15 Min. ruhen lassen.

3 In der Zwischenzeit die Zwetschgen waschen, längs einschneiden und auseinanderlösen, aber nicht voneinander trennen. Entkernen und in die Öffnung statt dem Kern jeweils 1 Stück Würfelzucker geben. In einem großen Topf reichlich Wasser mit 1 TL Salz zum Kochen bringen.

4 Auf einer bemehlten Arbeitsfläche den Kartoffelteig zu einer etwa 5 cm dicken Rolle formen. In 10–12 Scheiben schneiden und etwas flachdrücken. Auf jede Scheibe 1 Zwetschge legen, die Ecken darüber falten und zu kleinen Knödeln formen. Im siedenden Wasser 15–20 Min. ziehen lassen (Garprobe machen!).

5 In einer großen Pfanne die Butter erhitzen und die Semmelbrösel darin bei mittlerer Hitze goldbraun braten. Die fertigen Knödel mit einer Schaumkelle aus dem Kochwasser heben und gut abtropfen lassen. In der Bröselbutter wälzen, auf Teller geben, mit dem Puderzucker bestäuben und heiß servieren.

Tips: Unter den Kartoffelteig gehackte Nüsse oder fein zerbröselte Makronen geben.

Statt Würfelzucker, der zusätzlich kurz in Slibowitz getränkt werden kann, kleine Marzipanstückchen in die Zwetschgen drücken.

Statt in Semmelbröseln die Knödel in Krokantbröseln wälzen.

Variante:
Marillenknödel

Den Kartoffelteig wie beschrieben zubereiten. 12–14 Marillen (Aprikosen) waschen, entkernen und die Öffnung mit 1 Stück Würfelzucker füllen (Achtung! Erst unmittelbar vor dem Einhüllen in den Teig mit Zucker füllen, er schmilzt bald und die Aprikosen ziehen zuviel Feuchtigkeit). Die Marillen mit dem Teig umhüllen (die Enden sollten nicht bei der Fruchtöffnung sein) und kleine Knödel formen. Im siedenden Wasser garen und in Butterbröseln wälzen. Mit Puderzucker bestäuben und heiß servieren.

Die Zwetschgen entkernen, anstelle des Kerns jeweils 1 Stück Würfelzucker in die Fruchthöhlung legen.

Den Teig zu einer Rolle formen, passende Scheiben abschneiden und flachdrücken. Jede Zwetschge mit dem Teig umhüllen.

Die Knödel sinken zuerst auf den Topfboden, steigen aber gegen Ende der Garzeit nach oben. Öfter leicht anstoßen, damit sie sich drehen.

Zutaten für 4–6 Personen:

500 g mehligkochende Kartoffeln
Salz
120 g Wiener Griessler Mehl (doppelgriffiges Weizenmehl)
120 g weiche Butter
2 Eigelbe
2 EL Zucker
220 g Powidl (dickes Pflaumenmus)
2 EL Rum
1 TL Zimtpulver
4 EL Semmelbrösel
2 EL Puderzucker
Mehl für die Arbeitsfläche

Zubereitungszeit: 1 1/2 Std.
Bei 6 Personen pro Portion etwa: 1780 kJ / 425 kcal
6 g EW / 19 g F / 60 g KH

Läßt sich gut vorbereiten

Powidltascherln

1 Die Kartoffeln schälen, waschen und in grobe Stücke schneiden. In Salzwasser zugedeckt in 20 Min. gar kochen. Das Kochwasser abgießen und die Kartoffeln sehr gut ausdämpfen lassen, bis sie trocken sind.

2 Kartoffeln heiß durch die Kartoffelpresse drücken und auskühlen lassen. Mit Mehl, 40 g Butter, Eigelben, Zucker und 2 Prisen Salz zu einem glatten Teig verarbeiten.

3 Pflaumenmus mit Rum und Zimtpulver verrühren. Den Kartoffelteig auf einer bemehlten Arbeitsfläche 3–4 mm dick ausrollen. Mit einem runden Ausstecher (oder Glas von 7–8 cm ø) Kreise ausstechen. Dabei die übrigen Teigreste immer wieder zusammenkneten und ausrollen. In einem großen Topf reichlich Wasser mit 1/4 TL Salz zum Kochen bringen.

4 Auf jede Teigscheibe etwa 1/2 TL Powidl geben und zu einem Halbmond zusammenklappen. Die Ränder sehr gut zusammendrücken, damit sie während des Kochens nicht aufgehen. Die Taschen im Wasser 10 Min. bei schwacher Hitze garen. Mit einer Schaumkelle herausheben und auf einem Küchentuch abtropfen lassen.

5 Restliche Butter in einer großen Pfanne erhitzen, die Semmelbrösel darin goldgelb anbraten. Die Powidltascherln darin schwenken und wenden. Die Tascherln auf Teller geben, mit etwas Puderzucker bestreuen und heiß servieren.

Mohnnudeln

Zutaten für 4 Personen:

600 g mehligkochende Kartoffeln
150 g Wiener Griessler Mehl
(doppelgriffiges Weizenmehl)
1 Ei
1 Eigelb
100 g Butter
Salz
2 EL Zucker
1 Päckchen Bourbon-Vanillezucker
je 1 TL abgeriebene Schale von
1 unbehandelten Orange und Zitrone
80 g gemahlener Mohn
2 EL Puderzucker
Mehl für die Arbeitsfläche

Zubereitungszeit: 1 1/2 Std.
Pro Portion etwa:
2460 kJ / 590 kcal
13 g EW / 32 g F / 67 g KH

Preiswert

1 Die Kartoffeln waschen und in der Schale mit Wasser in 25–30 Min. zugedeckt gar kochen. Kartoffeln etwas ausdämpfen lassen, schälen und noch heiß durch die Kartoffelpresse drücken. Das Mehl, Ei und Eigelb, 50 g Butter, 2 Prisen Salz, 1 EL Zucker, Vanillezucker sowie Orangen- und Zitronenschale zur Kartoffelmasse geben. Alles zu einem glatten Teig verkneten.

2 In einem großen Topf reichlich Wasser mit Salz zum Kochen bringen. Die Arbeitsfläche und die Hände mit Mehl bestäuben.

3 Den Teig zu mehreren langen und fingerdicken Rollen formen. Davon jeweils etwa 7 cm lange Nudeln abschneiden und an den Enden spitz zulaufend rollen. Die Nudeln im Kochwasser bei schwacher Hitze 10 Min. ziehen lassen. Die Nudeln mit der Schaumkelle herausheben und gut abtropfen lassen.

4 Restliche Butter in einer großen Pfanne erhitzen, restlichen Zucker darin schmelzen lassen. Den Mohn unterrühren und die Nudeln dazugeben. Alles gut durchschwenken und 1–2 Min. bei mittlerer Hitze braten. Mit Puderzucker bestreuen und heiß servieren. Dazu schmeckt Pflaumenkompott.

Tip: Die Nudeln wie beschrieben zubereiten, statt Mohn 80 g geriebene Walnüsse mit 2 EL Zucker in der Butter erhitzen. Die Kartoffelnudeln in der Nußbutter schwenken und mit einer Aprikosen-, Mango- oder beliebigen Fruchtsauce servieren.

AUS DER PFANNE

Zutaten für 4 Personen:

750 g festkochende Kartoffeln
1 TL Kümmel
1 Bund Frühlingszwiebeln
500 g Champignons
3 EL Olivenöl
Salz
Pfeffer

Zubereitungszeit: 1 Std.
Pro Portion etwa:
830 kJ / 200 kcal
6 g EW / 6 g F / 33 g KH

Vegetarisch

Kartoffelpfanne mit Champignons

1 Die Kartoffeln waschen, in einen Topf geben und knapp mit Wasser bedecken. Den Kümmel hinzufügen, aufkochen und die Kartoffeln zugedeckt bei mittlerer Hitze 25–30 Min. garen.

2 Inzwischen die Frühlingszwiebeln putzen und waschen. Das Weiße fein hacken, die grünen Stiele in schmale Ringe schneiden. Die Champignons putzen, große Exemplare halbieren, kleine ganz lassen.

3 In einer Pfanne 2 EL Olivenöl erhitzen, die Champignons mit den gehackten Frühlingszwiebeln darin bei mittlerer Hitze andünsten und offen garen, bis fast alle ausgetretene Flüssigkeit verdampft ist. Dann aus der Pfanne nehmen und warm stellen.

4 Die Kartoffeln abgießen, etwas abkühlen lassen, schälen und in nicht zu dünne Scheiben schneiden. Das restliche Olivenöl in der Pfanne erhitzen und die Kartoffelscheiben darin unter Rühren knusprig braten. Die Pilze und die grünen Zwiebelringe untermischen, alles kräftig mit Salz und Pfeffer würzen und weitere 5 Min. garen. Auf vorgewärmten Tellern servieren.

Tips: Die Kartoffeln können Sie schon am Vortag kochen, dann ist das Gericht in 30 Min. fertig.

Anstelle der Champignons schmecken Egerlinge, oder je nach Jahreszeit, frische Waldpilze wie Pfifferlinge, Steinpilze oder Maroni.

Zutaten für 4 Personen:

- 600 g festkochende Kartoffeln
- 1 TL Kümmel
- 500 g Blattspinat (oder 300 g tiefgekühlter Spinat)
- Salz
- 500 g Hühnerbrustfilets
- 6 EL Öl
- Pfeffer
- 1 Zwiebel
- 1 Knoblauchzehe
- 1 EL Zitronensaft
- frisch geriebene Muskatnuß

Zubereitungszeit: 1 Std.
Pro Portion etwa:
1330 kJ / 320 kcal
27 g EW / 13 g F / 24 g KH

Gelingt leicht

Kartoffelpfanne mit Hühnerbrust und Spinat

1 Die Kartoffeln waschen, in einen Topf füllen und Wasser angießen. Den Kümmel hinzufügen, aufkochen und die Kartoffeln zugedeckt bei mittlerer Hitze 25–30 Min. garen.

2 Inzwischen den Spinat verlesen und gründlich waschen. Reichlich Salzwasser aufkochen und den Spinat darin 1 Min. blanchieren. In ein Sieb geben und sehr gut abtropfen lassen. Tiefgekühlten Spinat nach Packungsaufschrift auftauen lassen. Den Spinat gut ausdrücken und grob hacken.

3 Die Hühnerbrustfilets in schmale Streifen schneiden. 3 EL Öl in einer Pfanne erhitzen und das Fleisch darin rundherum goldbraun braten. Salzen, pfeffern, vom Herd nehmen und auf einen Teller geben.

4 Die Kartoffeln abgießen, etwas ausdämpfen lassen, schälen und in 1 1/2 cm große Würfel schneiden. Die Zwiebel und den Knoblauch schälen, die Zwiebel fein hacken. Das restliche Öl in der Pfanne erhitzen, die Zwiebel darin glasig dünsten, den Knoblauch dazupressen. Die Kartoffelwürfel hinzufügen und rundherum knusprig braten.

5 Den gehackten Spinat und die Hühnerbruststreifen untermischen, kräftig mit Zitronensaft, Salz, Pfeffer und Muskat würzen und alles zusammen weitere 5 Min. garen.

Tip: Statt der Hühnerbrustfilets können Sie auch Bratenreste oder gewürfelte Räucherwurst verwenden.

Als Getränk schmeckt zur Kartoffelpfanne ein kräftiger Weißwein, z. B. ein Sauvignon oder ein Chardonnay.

Zutaten für 4 Personen:
1 kg festkochende Kartoffeln
1 Zwiebel
1 grüne Paprikaschote
8 EL Olivenöl
2 Knoblauchzehen
1 TL gemahlener Kreuzkümmel
1 TL Paprika, edelsüß
Salz · schwarzer Pfeffer
50 ml trockener Weißwein
50 ml Gemüsebrühe

Zubereitungszeit: 1 Std.
Pro Portion etwa:
1300 kJ / 310 kcal
5 g EW / 15 g F / 39 g KH

Gelingt leicht

Spanische Kartoffelpfanne

1 Die Kartoffeln schälen, waschen und in dünne Scheiben hobeln. Die Zwiebel schälen und in feine Ringe schneiden. Die Paprikaschote waschen, putzen und in schmale Streifen teilen.

2 Die Hälfte des Olivenöls in einer großen beschichteten Pfanne erhitzen. Kartoffeln, Zwiebelringe und Paprikastreifen darin 3 Min. unter Rühren anbraten. Mit dem übrigen Öl begießen und alles bei mittlerer Hitze in weiteren 5 Min. leicht bräunen, dabei die Kartoffeln vorsichtig wenden.

3 Die Knoblauchzehen schälen und zerdrücken, mit dem Kreuzkümmel, Paprikapulver, Salz und Pfeffer vermischen. Den Wein und die Brühe unterrühren, die Mischung über die Kartoffeln gießen. Aufkochen, dann zugedeckt 25–30 Min. bei schwacher Hitze leise simmern lassen, bis die Kartoffeln gar sind. Mit Salz und Pfeffer abschmecken.

Zu beiden Gerichten paßt ein kräftiger Rotwein, z. B. ein Rioja oder ein Villa Doluca.

Korsische Kartoffelpfanne

1 Die Kartoffeln waschen, in einen Topf geben, Wasser angießen, salzen. In 25–30 Min. gar kochen.

2 In der Zwischenzeit die Rosmarinnadeln hacken. Die gegarten Kartoffeln abgießen und ausdämpfen lassen. Schälen und längs in Viertel schneiden. Oliven entsteinen.

3 Öl und Butter in einer großen Pfanne erhitzen, die Kartoffeln darin bei mittlerer Hitze goldbraun braten. Mit Salz und Pfeffer würzen. Rosmarin, Oliven und zerbröckelten Schafkäse untermischen, alles 3 Min. mitbraten.

Zutaten für 4 Personen:
1 kg kleine festkochende Kartoffeln
Salz
2 Zweige frischer Rosmarin
150 g schwarze Oliven
4 EL Olivenöl
2 EL Butter
schwarzer Pfeffer
120 g Schafkäse

Zubereitungszeit: 50 Min.
Pro Portion etwa:
1615 kJ / 385 kcal
9 g EW / 24 g F / 37 g KH

Gelingt leicht

Babyartischocken-Kartoffelpfanne

Zutaten für 4 Personen:

10 junge zarte Artischocken (etwa 800 g)
Saft von 1 Zitrone
750 g kleine festkochende Kartoffeln
2 Schalotten · 2–3 Knoblauchzehen
2 EL Pinienkerne · 6 EL Olivenöl
Salz · schwarzer Pfeffer
1 TL Thymianblättchen
1/2 TL gehackte Rosmarinnadeln
75–100 ml trockener Weißwein
400 g kleine feste Tomaten
etwa 50 g frisch geriebener Parmesan zum Servieren

Zubereitungszeit: 1 1/4 Std.
Pro Portion etwa:
1550 kJ / 370 kcal
12 g EW / 17 g F / 43 g KH

Für Gäste

1 Die Artischockenstiele bis auf ein Drittel kürzen, die Blattspitzen mit der Schere abschneiden. Die harten äußeren Blätter abzupfen, bis die zarteren, hellen Innenblätter zum Vorschein kommen. Das obere Drittel der Blätter mit einem scharfen Küchenmesser abschneiden, die Artischocken halbieren oder vierteln und das Heu entfernen. Das Gemüse sofort in Wasser mit Zitronensaft legen, damit es nicht braun wird.

2 Die Kartoffeln schälen, waschen und längs vierteln, die Schalotten und die Knoblauchzehen schälen. Die Schalotten würfeln, den Knoblauch in Scheiben schneiden.

3 Die Pinienkerne ohne Fett in einer großen Pfanne bei mittlerer Hitze goldbraun rösten, herausnehmen. Olivenöl erhitzen, Schalotten und Knoblauch darin kurz anschwitzen. Artischocken trockentupfen, mit den Kartoffeln dazugeben. Mit Salz, Pfeffer und Kräutern würzen. Zugedeckt bei mittlerer Hitze 15 Min. braten, dabei nach Bedarf den Wein angießen.

4 Tomaten waschen, vierteln oder in Scheiben schneiden und entkernen. Vorsichtig unter die Kartoffeln mischen, noch 3 Min. ziehen lassen. Mit Pinienkernen und Parmesan bestreuen.

Das besondere Rezept !

Ein feines vegetarisches Gericht, das phantastisch schmeckt – sowohl mit frischen Babyartischocken als auch mit Artischockenböden aus der Dose, die die Zubereitungszeit um etwa 25 Min. verkürzen. Vorbereiten läßt sich die Kartoffelpfanne nicht, sie ist aber so leicht zuzubereiten, daß sie auch bei einer Einladung keine Probleme macht. Davor schmecken am besten gemischte italienische Vorspeisen – selbst gemacht oder beim Italiener gekauft –, danach ein cremiges Eis mit frischen Früchten oder aber eine Crème caramel. Als Getränk sollten Sie am besten einen kräftigen Wein, z.B. einen weißen Sauvignon oder einen roten Chianti classico servieren.

Zutaten für 4 Personen:

800 g Pellkartoffeln vom Vortag
300 g gegarter Schweinebraten (Bratenrest oder vom Metzger)
2 mittelgroße Zwiebeln
100 g durchwachsener Räucherspeck
2 EL Butter- oder Schweineschmalz
Salz
Pfeffer
1/2 TL Kümmel
1/2 Bund frisch gehackte Petersilie

Zubereitungszeit: 30 Min.
Pro Portion etwa:
2405 kJ / 575 kcal
29 g EW/ 37 g F/ 31 g KH

Schnell

Tiroler Gröstl

1 Die Kartoffeln schälen und in messerrückendicke Scheiben schneiden. Den Schweinebraten in grobe Streifen schneiden. Die Zwiebeln schälen, halbieren und in dünne Streifen schneiden. Den Speck klein würfeln.

2 Das Schmalz bis auf 1/2 EL in einer Pfanne (ideal aus Gußeisen) erhitzen. Den Speck darin anbraten, Zwiebeln und Kartoffeln hinzufügen und alles bei mittlerer Hitze unter Rühren 15–20 Min. braten, bis sie knusprig sind. Dabei mit Salz, Pfeffer und Kümmel würzen.

3 In einer zweiten Pfanne das Fleisch im restlichen Schmalz anrösten. Das Fleisch unter die Kartoffeln mengen. Mit der Petersilie bestreuen und in der Pfanne servieren.

Dazu schmeckt Blatt-, Kraut- oder Gurkensalat.

Variante:
Blutwurst-Gröstl

Pellkartoffeln und Zwiebeln wie beim Tiroler Gröstl vorbereiten. In einer Pfanne 2 EL Schmalz erhitzen, die Kartoffeln darin knusprig braun braten. Mit Salz und Pfeffer würzen. 400 g Blutwurst enthäuten, in Scheiben schneiden. In einer zweiten Pfanne 1 EL Schmalz erhitzen, die Blutwurstscheiben darin von beiden Seiten anbraten. Herausheben und warm stellen. In dem Bratfett die Zwiebeln anrösten. Kartoffeln und Blutwurst mit den Zwiebeln mischen, alles mit 1 TL Majoran würzen. Mit Brot und Salat servieren.

Info: In die Gröstl, ein in Österreich beliebtes Resteessen, kommt der übrig gebliebene Sonntagsbraten. Das kann beliebiger Braten sein, aber auch Wurst und Gemüse. Beim »Grenadiermarsch« werden Nudelreste mit den Kartoffeln gebraten.
Zusätzlich können Sie je 1 Spiegelei auf dem Gröstl anrichten.

Zutaten für 4 Personen:

1 kg mehligkochende Kartoffeln
Salz
800 g Äpfel (Boskop)
1 EL Zitronensaft
1 EL Zucker
1 Prise Zimtpulver
2 Zwiebeln
60 g durchwachsener Räucherspeck
400 g Blutwurst
2 EL Butterschmalz
200 ml heiße Milch
2 EL Butter
frisch geriebene Muskatnuß
schwarzer Pfeffer

Zubereitungszeit: 1 Std.
Pro Portion etwa:
3440 kJ / 820 kcal
25 g EW/ 51 g F/ 69 g KH

Preiswert

Himmel und Erde

1 Die Kartoffeln schälen, waschen und grob würfeln. In Salzwasser zugedeckt in 20 Min. gar kochen.

2 In der Zwischenzeit die Äpfel vierteln, schälen und die Kerngehäuse entfernen. Äpfel in Spalten schneiden und mit Zitronensaft, Zucker, Zimt und 3 EL Wasser zugedeckt bei mittlerer Hitze 8 Min. dünsten.

3 Die Zwiebeln schälen und in Ringe schneiden. Den Speck klein würfeln. Die Blutwurst in 2 cm dicke Scheiben schneiden.

4 Das Schmalz in einer großen Pfanne erhitzen, den Speck darin knusprig ausbraten. Zwiebelringe mit anbräunen. Alles zur Seite schieben, in dem Bratfett die Blutwurst von beiden Seiten je 1 Min. braten.

5 Die gegarten Kartoffeln abgießen und ausdämpfen lassen. Kartoffeln zerstampfen, die Milch dazugießen, die Butter unterrühren. Mit Muskat würzen. Zwei Drittel der Äpfel zerdrücken und unter das Kartoffelpüree mischen.

6 Den Kartoffel-Apfelbrei portionsweise auf Teller verteilen. Jeweils seitlich die restlichen ganzen Apfelspalten und die Blutwurst anrichten. Speck und Zwiebeln mit dem Bratfett auf dem Kartoffel-Apfelbrei verteilen. Alles mit Pfeffer überstreuen und sofort servieren.

Tips: So wird das Gericht noch interessanter: 250 g Wirsingstreifen zugedeckt 6 Min. in 2 EL Butter andünsten. Mit zerstoßenem Koriander, Salz und Pfeffer würzen. Nach Belieben unter das Püree mischen oder locker zwischen den übrigen Zutaten verteilen.

Servieren Sie Himmel und Erde als Beilage (ohne Blutwurst), dann paßt es besonders gut zu gebratener Leber, Schweinsbraten, Schweinekoteletts oder Bratwürsten.

Kartoffelpuffer

Zutaten für 4 Personen:

1 1/2 kg vorwiegend festkochende Kartoffeln
1 mittelgroße Zwiebel
2 Eier
2 EL Mehl
Salz
Pfeffer
Zum Braten: geschmacksneutrales, hocherhitzbares Fett (Pflanzenöl, Butterschmalz, Kokosfett)

Zubereitungszeit: 50 Min.
Pro Portion etwa:
1190 kJ / 280 kcal
9 g EW / 5 g F / 52 g KH

Preiswert

1 Die Kartoffeln schälen und waschen. Auf einer feinen Reibe (oder mit der Küchenmaschine) in eine Schüssel reiben. Die Zwiebel schälen und zu den Kartoffeln reiben.

2 Die Eier, das Mehl, etwa 1 TL Salz und etwas Pfeffer gründlich unter die Kartoffelmasse rühren.

3 In einer großen Pfanne 2–3 EL Fett erhitzen. Je Puffer 1 1/2 EL Teig hineingeben und mit dem Löffelrücken flachstreichen. Die Puffer bei mittlerer Hitze 4 Min. braten. Wenn der Teig an den Rändern goldbraun wird, die Puffer wenden und weitere 4 Min. braten. Den Teig nach und nach verarbeiten, dabei immer wieder etwas Fett in die Pfanne geben.

Tip: Am besten servieren Sie die Kartoffelpuffer heiß und frisch aus der Pfanne. Sie schmecken einfach ohne alles, doch auch mit Zucker bestreut, mit Apfelmus oder anderem Kompott serviert. Mit Rübenkraut, Sauerkraut, einem Salat oder als Beilage zu Fleischgerichten mit gebundenen Saucen sind Kartoffelpuffer ebenfalls eine Delikatesse!

Kleine Zucchini-Kartoffel-Puffer

1 Die Zucchini waschen, putzen und grob raspeln. Die Kartoffeln schälen, waschen und fein reiben. Alles in einer Schüssel mit den Eiern und dem Mehl verrühren. Mit Salz, Pfeffer und Muskat pikant würzen.

2 In einer großen Pfanne Fett erhitzen, je Puffer 1 EL Teig hineinsetzen und glattstreichen. Von jeder Seite bei mittlerer Hitze 4–5 Min. braten.

Zutaten für 4 Personen:

400 g Zucchini
600 g vorwiegend festkochende Kartoffeln
2 Eier
1 EL Mehl
Salz · Pfeffer
frisch geriebene Muskatnuß
Öl oder Butterschmalz zum Braten

Zubereitungszeit: 45 Min.
Pro Portion etwa:
600 kJ / 145 kcal
6 g EW / 4 g F / 23 g KH

Gelingt leicht

Tip: Servieren Sie dazu eine kalte Joghurtsauce: Joghurt mit etwas Zitronensaft, Senf, Zucker, Salz, Pfeffer, 1 frisch durchgepreßten Knoblauchzehe und 1 Bund gemischten, gehackten Kräutern verrühren.

Zutaten für 2 Personen:

400 g vorwiegend festkochende Kartoffeln
1 kleines Ei
1/2 EL Mehl
Salz
Pfeffer
1 mittelgroße Zwiebel
4 Scheiben Graved- oder Räucherlachs
50 g saure Sahne
2 Dillzweige
neutrales Pflanzenöl zum Braten

Zubereitungszeit: 40 Min.
Pro Portion etwa:
1265 kJ / 305 kcal
17 g EW / 12 g F / 31 g KH

Gelingt leicht

Kartoffel-Zwiebel-Puffer mit Lachs

1 Die Kartoffeln schälen, waschen und fein reiben. Mit dem Ei, dem Mehl, 1/4 TL Salz und etwas Pfeffer verrühren. Die Zwiebel schälen, halbieren, quer in dünne Streifen schneiden und untermischen.

2 In einer Pfanne 2–3 EL Öl erhitzen, je Puffer 1 gehäuften EL Teig hineingeben und zu einem dünnen runden Fladen glattstreichen. Pro Seite in 4–5 Min. knusprig braun braten. Die Puffer mit je 2 Scheiben Lachs, 1 Klecks saurer Sahne und Dillspitzen garniert servieren.

Gefüllte Puffer

1 Den Quark mit den Gewürzen pikant abschmecken. Schalotte und Knoblauch schälen, in kleine Würfel schneiden. Den Schnittlauch abspülen, in Röllchen schneiden. Alles unter den Quark rühren.

2 Kartoffeln schälen, waschen und fein reiben. Mit Ei, Mehl, 1/4 TL Salz und etwas Pfeffer verrühren.

3 In einer Pfanne 3 EL Schmalz erhitzen, 3–4 EL Kartoffelteig hineingeben und zu einem großen Puffer verstreichen. Von jeder Seite 5 Min. braten. Eine Hälfte der Puffer mit Quark bedecken, die andere Seite darüberschlagen und sofort servieren.

Zutaten für 2 Personen:

200 g Quark
Je 1 Prise Kümmelpulver, Cayennepfeffer
Salz · Pfeffer
1 Schalotte
1 Knoblauchzehe
1 Bund Schnittlauch
500 g vorwiegend festkochende Kartoffeln
1 kleines Ei
1/2 EL Mehl
Butterschmalz zum Braten

Zubereitungszeit: 1 Std.
Pro Portion etwa:
1425 kJ / 340 kcal
19 g EW / 13 g F / 41 g KH

Preiswert

Der Tip vom Profi !

Kartoffeln verfärben sich beim Reiben rasch bräunlich. Es ist aber nicht nötig, deshalb Zitronensaft oder eine andere Säure zuzugeben, denn beim Garen wird die Puffermasse wieder appetitlich hell. Trotzdem sollten Sie die Puffermasse rasch nach dem Zerkleinern backen, damit der Vitaminverlust möglichst gering ist.

Zutaten für 4 Personen:

250 g saure Sahne
100 g süße Sahne
2 Bund Schnittlauch
Salz
Pfeffer
1 kg vorwiegend festkochende Kartoffeln
2 Zwiebeln
1 großes Ei oder 2 kleine Eier
1 mittelgroßer säuerlicher Apfel
1 EL Zitronensaft
4–5 EL Öl oder Butterschmalz zum Braten

Zubereitungszeit: 1 Std.
Pro Portion etwa:
1990 kJ / 475 kcal
10 g EW / 31 g F / 42 g KH

Preiswert

Kartoffelpuffer mit Apfel, Zwiebel und Schnittlauchsauce

1 Für die Sauce die saure Sahne in eine Schüssel füllen. Die süße Sahne halbsteif schlagen und untermischen. Den Schnittlauch abbrausen, in Röllchen schneiden und dazurühren. Mit Salz und Pfeffer abschmecken und bis zum Servieren kühl stellen.

2 Die Kartoffeln und die Zwiebeln schälen. Entweder auf der Rohkostreibe oder mit der Küchenmaschine fein raffeln und in einer Schüssel mischen. Das Ei unterrühren und die Kartoffelmasse mit Salz und Pfeffer würzen.

3 Den Apfel schälen, vierteln und vom Kerngehäuse befreien. Grob raffeln, sofort mit dem Zitronensaft beträufeln und unter den Pufferteig mischen.

4 Das Fett in einer Pfanne erhitzen. Von dem Kartoffelteig kleine Portionen in das heiße Fett geben und mit einem Bratenwender flachdrücken, so daß sie etwa handtellergroß sind. Portionsweise bei mittlerer Hitze in 8–10 Min. goldbraun braten, dabei einmal wenden. Sofort mit der Schnittlauchsauce servieren.

Dazu passen am besten ein grüner Salat mit einer Essig-Öl-Vinaigrette und ein kühles Bier.

Zutaten für 4 Personen:
600 g festkochende Kartoffeln
2 Zwiebeln
400 g Möhren
3 Eier
Salz
Pfeffer
frisch geriebene Muskatnuß
1 TL gemahlener Kreuzkümmel
3 EL Öl zum Braten

***Zubereitungszeit:* 40 Min.**
Pro Portion etwa:
955 kJ / 230 kcal
8 g EW / 9 g F / 30 g KH

Vegetarisch

Möhren-Rösti

1 Die Kartoffeln und die Zwiebeln schälen. Beides auf einer Rohkostreibe oder mit der Küchenmaschine grob raffeln und in eine Schüssel füllen.

2 Die Möhren schälen, putzen und ebenfalls grob raffeln. Zu den Kartoffeln geben. Die Eier unter die Masse rühren und kräftig mit Salz, Pfeffer, Muskat und Kreuzkümmel würzen.

3 Das Öl in einer breiten Pfanne erhitzen, die Masse hineinfüllen und flachdrücken. Bei mittlerer Hitze 15 Min. braten, bis die Unterseite goldbraun ist. Dann vorsichtig wenden, falls nötig, noch etwas Öl hinzufügen und in weiteren 10 Min. fertig braten.

4 Auf eine vorgewärmte Platte gleiten lassen und wie Kuchenstücke aufschneiden.

Tips: Anstelle der Möhren 400 g Zucchini putzen und grob raffeln.

Sie können auch 500 g frischen Blattspinat verlesen, waschen und in Salzwasser kurz blanchieren (oder 450 g tiefgekühlten Spinat auftauen). Dann in einem Sieb gut abtropfen lassen, gründlich ausdrücken, grob hacken und unter den Kartoffelteig mischen. Nach Belieben 1 geschälte Knoblauchzehe dazupressen.

Rösti klassisch

Zutaten für 4 Personen:

1 kg festkochende Kartoffeln
1 mittelgroße Zwiebel
Salz
schwarzer Pfeffer
3 EL Butterschmalz

Zubereitungszeit: 1 Std.
Pro Portion etwa:
960 kJ / 230 kcal
4 g EW / 10 g F / 32 g KH

Aus der Schweiz

1 Die Kartoffeln waschen, in einen Topf geben und Wasser angießen. Je nach Größe zugedeckt bei mittlerer Hitze in 15–20 Min. nicht ganz gar kochen, abgießen und in der Schale abkühlen lassen.

2 Die Kartoffeln schälen und auf einer Reibe grob in eine Schüssel raspeln. Die Zwiebel schälen, fein hacken und hinzufügen. Mit Salz und Pfeffer kräftig würzen, alles gut durchmischen.

3 In einer Pfanne 2 EL Butterschmalz erhitzen, die Kartoffelmischung hineingeben und mit dem Bratenwender zu einem flachen Fladen formen. Bei schwacher Hitze 15 Min. braten, bis sich an der Unterseite eine goldgelbe Kruste gebildet hat.

4 Das Rösti auf einen Teller gleiten lassen. Das restliche Butterschmalz in der Pfanne schmelzen, das Rösti umgedreht wieder in die Pfanne geben und in weiteren 15 Min. fertig braten.

5 Das Rösti auf eine vorgewärmte Platte gleiten lassen und vor dem Servieren wie Kuchenstücke aufschneiden.

Tips: Die Kartoffeln können Sie auch schon am Vortag kochen. Rösti eignen sich auch gut zum Einfrieren, man kann sie also auf Vorrat zubereiten.

Was auch gut schmeckt: 1 kg Kartoffeln wie oben beschrieben zubereiten. Anstelle der Zwiebel 2 Stangen Lauch putzen, waschen und in sehr schmale Ringe schneiden. 50 g durchwachsenen Speck von der Schwarte befreien, klein würfeln und in einer Pfanne mit dem Lauch kurz andünsten. Beides unter die Kartoffelraspel mischen.

Oder 1 kg Kartoffeln und 300 g Möhrenraspel mischen und 1 Bund gehackte Petersilie dazugeben.

Anstelle eines großen Rösti können Sie auch 8 kleine Portionen braten. Diese dann mit 50 g kleingewürfeltem gekochtem Schinken und 50 g frisch geriebenem Appenzeller bestreuen und im vorgeheizten Backofen gratinieren, bis der Käse schmilzt.

Fein ist auch eine Variante mit 2 Bund feingehackten, gemischten Kräutern und 1 durchgepreßten Knoblauchzehe.

Die Kartoffeln schälen und auf einer Küchenreibe mit grober Raspel direkt in eine Schüssel raspeln.

Die Kartoffelmischung in die Pfanne geben und mit einem Bratenwender flachdrücken.

Das Rösti auf einen Teller gleiten lassen, auf einen zweiten Teller stürzen und umgedreht wieder in die Pfanne geben.

Zutaten für 4 Personen:

750 g vorwiegend festkochende Kartoffeln
1 mittelgroße Zwiebel
250 g Lyoner
1 Bund Schnittlauch
3 EL Butterschmalz
Salz
schwarzer Pfeffer
1 Prise frisch geriebene Muskatnuß
4 Eier
100 ml Milch

Zubereitungszeit: 1 Std.
Pro Portion etwa:
2265 kJ / 540 kcal
17 g EW / 41 g F / 28 g KH

Preiswert

Kartoffel-Wurst-Omelett

1 Die Kartoffeln waschen, in einen Topf geben und Wasser angießen. Die Kartoffeln bei mittlerer Hitze zugedeckt in 25–30 Min. garen. Etwas abkühlen lassen, schälen und in kleine Würfel schneiden.

2 Die Zwiebel schälen und fein hacken. Die Lyoner schälen und würfeln. Den Schnittlauch waschen und in Röllchen schneiden.

3 Das Butterschmalz in einer breiten, möglichst beschichteten Pfanne erhitzen und die Zwiebel darin glasig dünsten. Die Lyoner untermischen und kurz mitbraten. Dann die Kartoffelwürfel dazugeben und bei mittlerer Hitze leicht anbraten. Den Schnittlauch bis auf 1 EL unterrühren und alles mit Salz, Pfeffer und Muskat kräftig würzen.

4 Inzwischen die Eier in einer Schüssel aufschlagen, die Milch dazugeben und gut verquirlen. Die Eiermischung über die Zutaten in der Pfanne gießen und das Omelett bei mittlerer Hitze 10 Min. braten. Dann auf einen Teller gleiten lassen und umgedreht in weiteren 10 Min. fertig garen.

5 Das Omelett auf eine Platte gleiten lassen, in vier Teile schneiden, mit dem restlichen Schnittlauch bestreuen und servieren.

Tips: Anstelle eines großen Omeletts können Sie in einer kleineren Pfanne auch vier Portionsomeletts braten.

Die Kartoffeln schon am Vortag kochen, dann ist das Omelett schnell fertig.

Anstelle der Lyoner 250 g Kasseler in kleinen Würfeln zusammen mit 1 roten, kleingewürfelten Paprikaschote zu den Kartoffeln geben.

Als Getränk paßt am besten Bier.

Kartoffelküchlein mit Salat

Zutaten für 4 Personen:

1 kg mehligkochende Kartoffeln
100 g durchwachsener Räucherspeck
1 TL Öl
1 mittelgroße Zwiebel
1 Bund Petersilie
etwa 100 g Mehl
2 Eier
125 g Kräuterquark
Salz
Pfeffer
1 Msp. frisch geriebene Muskatnuß
3 EL Butterschmalz
1 Kopfsalat
1 Bund Rucola
150 g Joghurt
5 EL Zitronensaft
2 EL Distelöl
1 kleine Knoblauchzehe

Zubereitungszeit: 1 1/4 Std.
Pro Portion etwa:
2675 kJ / 640 kcal
24 g EW / 33 g F / 65 g KH

Preiswert

1 Die Kartoffeln waschen, in einen Topf geben und Wasser angießen. Die Kartoffeln zugedeckt in 25–30 Min. garen.

2 Inzwischen den Speck klein würfeln und in einer Pfanne im heißen Öl bei schwacher Hitze ausbraten. Die Zwiebel schälen und fein hacken. Die Petersilie waschen, Blättchen fein hacken.

3 Die Kartoffeln schälen, heiß durch die Kartoffelpresse in eine große Schüssel drücken und abkühlen lassen. Zwei Drittel des Mehls, die Eier, den Kräuterquark, die Petersilie und die Speck-Zwiebelmischung dazugeben. Mit Salz, Pfeffer und Muskat kräftig würzen und zu einem geschmeidigen Teig verarbeiten. Falls der Teig zu weich ist, das restliche Mehl dazugeben.

4 Den Kartoffelteig mit den Händen zu handtellergroßen Küchlein formen. Das Butterschmalz in einer Pfanne erhitzen und die Kartoffelküchlein darin bei mittlerer Hitze auf beiden Seiten in insgesamt 8 Min. goldbraun braten.

5 Den Kopfsalat und den Rucola putzen, waschen und gut abtropfen lassen. Große Blätter kleinzupfen. Joghurt, Zitronensaft, Distelöl, Salz und Pfeffer verrühren. Den Knoblauch schälen und dazupressen. Den Salat darin wenden und zu den Kartoffelküchlein reichen.

Tip: Anstelle von Speck können Sie auch kleingewürfelte Bratenreste, Wurst oder Schinken untermischen.

Zutaten für 4 Personen:

1 kg mehligkochende Kartoffeln
2 mittelgroße Zwiebeln
6 EL Olivenöl
1 Knoblauchzehe
250 g gemischtes Hackfleisch
3 EL Tomatenmark
Salz
schwarzer Pfeffer
je 1/2 TL getrockneter Thymian und Oregano
150 g Crème fraîche
3/8 l Fleischbrühe
je 1 rote und grüne Paprikaschote (je etwa 150 g)
1 Prise Chilipulver
150 g Mehl
frisch geriebene Muskatnuß
2 Eier

Zubereitungszeit: 1 Std.
Pro Portion etwa:
3200 kJ / 765 kcal
17 g EW / 33 g F / 110 g KH

Gelingt leicht

Kartoffeltortilla mit Paprika und Hackfleischsauce

1 Die Kartoffeln waschen, in einen Topf geben und Wasser angießen. Kartoffeln bei mittlerer Hitze in 25–30 Min. zugedeckt garen.

2 Die Zwiebeln schälen und fein hacken. In einem Topf die Hälfte davon in 2 EL heißem Olivenöl andünsten. Den Knoblauch schälen und dazupressen. Das Hackfleisch dazugeben und krümelig braten. Das Tomatenmark untermischen, mit Salz, Pfeffer, Thymian und Oregano würzen. Die Crème fraîche und die Fleischbrühe dazugeben und alles 20 Min. zugedeckt bei schwacher Hitze köcheln lassen.

3 Die Paprikaschoten putzen, waschen und klein würfeln. Die restliche Zwiebel mit den Paprikawürfeln in 2 EL Olivenöl bei schwacher Hitze 10 Min. dünsten. Mit Salz, Pfeffer und Chilipulver kräftig würzen und die Pfanne vom Herd nehmen.

4 Die Kartoffeln schälen und noch heiß durch die Kartoffelpresse in eine große Schüssel drücken. Die Kartoffelmasse etwas auflockern und auskühlen lassen. Zwei Drittel des Mehls darüber streuen, mit Salz, Pfeffer und Muskat würzen. Die Eier verquirlen und mit der Zwiebel-Paprikamischung dazugeben und alles zu einem geschmeidigen Teig verarbeiten.

5 Aus dem Teig Küchlein von 10 cm Durchmesser und 2 cm Dicke formen. Das restliche Olivenöl in einer großen Pfanne erhitzen und die Kartoffeltortillas darin bei mittlerer Hitze in 8 Min. goldbraun braten, dabei einmal wenden. Die Sauce abschmecken. Die Kartoffeltortillas mit der Sauce auf vorgewärmten Tellern anrichten.

Dazu schmeckt ein kräftiger Rotwein, z. B. ein Rioja, oder Bier.

Zutaten für 4 Personen:

Für die Crêpes:
500 g mehligkochende Kartoffeln
3–6 EL Milch
3 EL süße oder saure Sahne
3 EL Mehl · 4 Eier
Salz · Pfeffer
1 Prise frisch geriebene Muskatnuß
3 EL Butterschmalz
Für die Füllung:
100 g Möhren
100 g Stangensellerie
100 g Lauch
3 EL Butter
100 g Blumenkohlröschen
1 TL Mehl
2 EL Noilly Prat (weißer trockener Wermut)
125 g Sahne
Salz · weißer Pfeffer
1 EL gehackter Kerbel + Kerbel zum Garnieren

Zubereitungszeit: 1 1/4 Std. (+ 30 Min. Ruhezeit)
Pro Portion etwa:
2020 kJ / 485 kcal
11 g EW / 35 g F / 32 g KH

Vegetarisch

Gefüllte Kartoffelcrêpes

1 Die Kartoffeln waschen und in der Schale mit Wasser in 25–30 Min. weich kochen. Noch warm schälen, in Würfel schneiden, gut ausdampfen lassen. Die Milch erhitzen.

2 Die Kartoffeln durch die Kartoffelpresse drücken und sofort mit der heißen Milch zu einer festen Masse mischen. Abkühlen lassen und mit der Sahne und dem Mehl zu einem Teig verarbeiten. Die Eier nacheinander darunterziehen. Der Teig soll leicht fließend sein wie ein Pfannkuchenteig. Eventuell noch Milch oder Mehl dazugeben. Mit Salz, Pfeffer und Muskat abschmecken. 30 Min. ruhen lassen.

3 Für die Füllung Möhren, Sellerie und Lauch waschen, putzen und in 1/2 cm große Würfelchen schneiden. Die Butter erhitzen. Gemüse mit den Blumenkohlröschen darin bei mittlerer Hitze unter Rühren 3 Min. andünsten. Mit dem Mehl bestäuben, den Wermut und die Sahne hinzufügen. Bei schwacher Hitze leicht einkochen lassen, bis die Sauce sämig wird. Mit Salz und Pfeffer abschmecken und mit dem Kerbel mischen.

4 In einer beschichteten Pfanne nach und nach Butterschmalz erhitzen. Aus dem Teig darin mittelgroße Crêpes bei mittlerer Hitze in 3–4 Min. pro Seite backen.

5 Die eine Hälfte der Crêpes mit Gemüse belegen und die zweite darüber falten. Sofort mit Kerbel garniert servieren.

Tips: Die Füllung läßt sich gut abwandeln, z. B. mit Pfifferlingen: 200–250 g geputzte Pilze in Butter andünsten, mit Mehl bestäuben, mit Sahne begießen, einkochen lassen und mit Schnittlauchröllchen bestreuen.

Oder geputzte frische Steinpilze bei starker Hitze kurz in Butter braten, mit gehackter Petersilie und Knoblauch mischen.

750 g geputzten und gewaschenen Blattspinat blanchieren, auspressen, in Butter dünsten, mit wenig Sahne begießen und würzen.

Zutaten für 4 Personen:

Für den Teig:
1 kg mehligkochende Kartoffeln
Salz · 2 Eier
1 EL Butter
100 g Mehl
Für die Füllung:
200 g gemischte Pilze (z. B. Steinpilze, Austernpilze, Egerlinge)
1 kleine Zwiebel
1 Knoblauchzehe
2 EL Butter
Salz · schwarzer Pfeffer
1 TL Thymianblättchen
1/2 Bund Petersilie
Mehl zum Ausrollen und Bestäuben
50–60 g Semmelbrösel zum Wenden
4 EL Butterschmalz zum Braten
Thymianblättchen zum Garnieren

Zubereitungszeit: 2 Std. (+ 2 Std. Kühlzeit)
Pro Portion etwa: 2250 kJ / 540 kcal
12 g EW / 26 g F / 67 g KH

Aus Rußland

Kartoffel-Piroschki mit Pilzen

1 Die Kartoffeln waschen, in der Schale mit Wasser und Salz in 25–30 Min. gar kochen, abgießen und 1–2 Std. auskühlen lassen. Danach schälen und auf der Rohkostreibe fein reiben. Die Eier trennen. Die Eigelbe und die Butter zu den Kartoffeln geben, mit dem Mehl und 2 TL Salz zu einem Teig verkneten. Eiweiße beiseite stellen.

2 Für die Füllung die Pilze putzen und fein schneiden. Die Zwiebel und die Knoblauchzehe schälen und klein würfeln. Die Butter in einer Pfanne erhitzen, die Zwiebel darin glasig dünsten. Die Pilze dazugeben und in 8 Min. bei mittlerer Hitze unter gelegentlichem Wenden gar dünsten. Mit Salz, Pfeffer und Thymian kräftig abschmecken. Die Petersilie waschen, Blättchen fein hacken und untermischen. Die Pilze vom Herd nehmen und etwas abkühlen lassen.

3 Den Kartoffelteig auf der bemehlten Arbeitsfläche 1/2–3/4 cm dick ausrollen, mit Mehl bestäuben und 16 Kreise von 10 cm Durchmesser ausstechen. In die Mitte jeweils 1 gehäuften TL Pilzfüllung geben. Die Ränder mit Eiweiß bestreichen, den Teig umklappen und mit einer bemehlten Gabel festdrücken, so daß halbmondförmige Taschen entstehen. Die Piroschki mit verquirltem Eiweiß bestreichen und in den Semmelbröseln wenden.

4 Das Schmalz in einer großen beschichteten Pfanne erhitzen, die Halbmonde darin bei mittlerer Hitze portionsweise in 5–6 Min. von beiden Seiten goldbraun braten. Mit Thymian garnieren.

Dazu paßt ein Feldsalat mit kroß gebratenen Räucherspeckwürfeln und ein trockener Weißwein, z. B. ein Edelzwicker aus dem Elsaß.

Tip: Die Kartoffel-Piroschki schmecken auch mit Obst gefüllt sehr gut, z. B. mit gedünsteten Apfel- oder Pflaumenstücken, mit Zimt und etwas Zitronensaft gewürzt.

Fritierte Süßkartoffelbällchen

Zutaten für 4 Personen:

500 g Süßkartoffeln (Bataten)
Salz
165 ml Kokosmilch (Dose)
200 g Kabeljaufilet
2 mittelgroße Tomaten
1 Bund frisches Koriandergrün
schwarzer Pfeffer · 1 Ei
2 EL Fischsauce (Asienladen; ersatzweise helle Sojasauce vermischt mit 4 zerdrückten Sardellenfilets)
5–6 EL Reis- oder Weizenmehl
4 EL Mehl zum Wenden
etwa 3/4 l Erdnußöl zum Fritieren

Zubereitungszeit: 1 1/4 Std.
Pro Portion etwa:
1820 kJ / 435 kcal
15 g EW / 25 g F / 41 g KH

Aus Vietnam

1 Die Süßkartoffeln waschen, in der Schale mit Wasser und Salz in 20 Min. gar kochen, abgießen, schälen und noch heiß durch die Kartoffelpresse drücken.

2 Inzwischen Kokosmilch aufkochen lassen, den Fisch einlegen und darin bei schwacher Hitze zugedeckt in 8 Min. gar ziehen lassen. Den Fisch herausheben, abtropfen lassen und sehr klein würfeln.

3 Die Stielansätze der Tomaten entfernen. Die Tomaten kurz überbrühen, häuten, vierteln, entkernen und klein würfeln. Den Koriander abbrausen, die Blätter abzupfen und hacken.

4 Den Fisch, die Tomaten und den Koriander zu den Süßkartoffeln geben, mit Salz und Pfeffer würzen. Das Ei, die Fischsauce und das Mehl untermischen. Mit angefeuchteten Händen oder zwei Teelöffeln 30 tischtennisballgroße Bällchen formen, in Mehl wenden.

5 Das Öl in einem Wok erhitzen, die Bällchen darin portionsweise in 5 Min. goldbraun fritieren. Auf Küchenpapier kurz abtropfen lassen.

Dazu paßt ein frischer grüner Salat und eine scharfe Chilisauce (Asienladen) zum Dippen.

Der Tip vom Profi

Kokosmilch in der Dose bekommen Sie im Asienladen und in den Lebensmittelabteilungen großer Warenhäuser. Falls Sie einmal keine bekommen, können Sie stattdessen 100 g »Creamed coconut« aus dem Supermarkt grob raspeln und mit 150 ml Wasser erhitzen, bis die Masse cremig ist. Oder 250 g Kokosraspel mit 1/4 l kochendem Wasser übergießen und ziehen lassen, bis die Flüssigkeit abgekühlt ist. Dann ein Sieb mit einem Tuch auslegen, die Masse hineingeben und das Tuch gut zusammendrücken, bis keine Flüssigkeit mehr austritt. Da die Kokosmilch nur zum Pochieren des Fisches verwendet wird und zu schade zum Wegschütten ist, können Sie beispielsweise am nächsten Tag mit Hühnerfond, Spinat und Garnelen oder Hühnerstreifen eine feine Suppe daraus machen.

Schupfnudeln

Zutaten für 4 Personen:

750 g mehligkochende Kartoffeln
Salz
2 Eier
frisch geriebene Muskatnuß
schwarzer Pfeffer
125 g Mehl
100–150 g Butter- oder Schweineschmalz zum Braten
2 kleine Zwiebeln
100 g Butter
50 g Semmelbrösel
Mehl für die Arbeitsfläche

Zubereitungszeit: 1 1/2 Std. (+ 24 Std. Ruhezeit)
Pro Portion etwa: 2565 kJ / 615 kcal
11 g EW / 36 g F / 62 g KH

Läßt sich gut vorbereiten

1 Die Kartoffeln waschen, in einen Topf geben und Wasser angießen. Salzen und zugedeckt in 25–30 Min. bei mittlerer Hitze gar kochen. Abgießen, etwas ausdämpfen lassen und noch heiß schälen. Über Nacht abkühlen lassen.

2 Am nächsten Tag die Kartoffeln reiben oder durch die Kartoffelpresse in eine Schüssel drücken. Die Eier, 1 TL Salz, Muskat und 1 Prise Pfeffer hinzufügen und alle Zutaten verkneten. Zum Schluß das Mehl rasch einarbeiten, so daß ein glatter Teig entsteht, der nicht klebrig werden darf. Also nicht zu lange kneten.

3 Den Kartoffelteig auf der bemehlten Arbeitsfläche zu einer großen, 5 cm dicken Rolle formen, diese in 1 cm dünne Scheiben schneiden. Mit bemehlten Händen zu kleinen, fingerlangen Würstchen drehen, die an beiden Enden spitz zulaufen.

4 In einem großen Topf 2 l Salzwasser zum Kochen bringen, die Schupfnudeln hineingeben und bei schwacher Hitze 2 Min. ziehen lassen. Mit einem Schaumlöffel herausnehmen und in kaltes Wasser tauchen, dann auf einem Sieb gut abtropfen lassen.

5 In einer großen Pfanne das Schmalz erhitzen, die Schupfnudeln darin bei mittlerer Hitze portionsweise in 5 Min. rundherum goldbraun und knusprig braten. Die Schupfnudeln müssen dabei fast schwimmen, bei Bedarf noch etwas Schmalz in der Pfanne schmelzen lassen.

6 Inzwischen die Zwiebeln schälen und in feine Ringe schneiden. Die Butter in einem Topf erhitzen, Zwiebeln darin glasig dünsten. Die Semmelbrösel hinzufügen und unter Rühren goldbraun rösten.

7 Die Schupfnudeln mit einem Schaumlöffel aus dem Fett heben und auf Küchenpapier kurz abtropfen lassen. Dann die Schupfnudeln zu der Zwiebel-Semmelbrösel-Mischung in die Pfanne geben. Alles vorsichtig mischen. Sofort servieren.

Tips: Die Schupf- oder Fingernudeln, die im Badischen auch Bubenspitzle heißen, schmecken sehr gut mit Sauerkraut, das mit Schmalz, Weißwein, Wacholder und Lorbeer gedünstet wurde. Dazu passen kroß gebratene Speckwürfel, Bratwürste oder Schweinefleisch. Aber auch als Beilage zu Schmorgerichten aus Wild- oder Rindfleisch oder zu einem Braten schmecken die Kartoffelnudeln ausgezeichnet.

Wenn Sie eine frühe, festkochende Kartoffelsorte verwenden, können Sie die Schupfnudeln gleich im Schmalz goldgelb ausbacken – dann müssen sie nicht vorgekocht werden.

Die Kartoffelnudeln schmecken auch süß. Dafür die Schupfnudeln mit gebräunter Butter übergießen und mit Zimtzucker und eventuell geriebenen Haselnüssen bestreuen. Dazu paßt geschmortes Backobst, Apfel- oder Pflaumenkompott.

Die abgekühlten Kartoffeln fein reiben und mit den Eiern mischen, bevor das Mehl dazukommt.

Die Nudeln auf Mehl erst zu Rollen formen, dann die Enden dünner und spitz rollen.

Vor dem Braten werden die Schupfnudeln in Salzwasser gegart und anschließend kalt abgeschreckt.

Zutaten für 4 Personen:

1 kg vorwiegend festkochende Kartoffeln
200 g Mehl
120 g Butter- oder Schweineschmalz
Salz
50 g Butter

Zubereitungszeit: 45 Min. (+ 1–2 Tage Ruhezeit)
Pro Portion etwa:
2885 kJ / 690 kcal
9 g EW / 41 g F / 72 g KH

Preiswert

Kartoffeln nach Bündner Art

1 Die Kartoffeln 1–2 Tage zuvor in der Schale mit Wasser in 25–30 Min. weich kochen, dann abkühlen und ruhen lassen.

2 Die Kartoffeln schälen und auf der Raspel reiben. Das Mehl gut mit den Kartoffeln mischen und zwischen den Fingern zerreiben, bis beides gut verbunden ist.

3 In einer großen Bratpfanne (möglichst aus Eisen oder Gußeisen) 30 g Butter- oder Schweineschmalz erhitzen. Die Kartoffelmasse leicht salzen und hineingeben. Bei schwacher bis mittlerer Hitze 25–30 Min. unter ständigem Stochern und Wenden rösten. Dabei das restliche Schmalz nach und nach hinzufügen. Wenn die Kartoffelmasse in kleine, weiche und hellbraune Flocken zerfällt, ist sie fertig zum Servieren.

4 Mit der Butter in Flöckchen bestreuen und sofort auf vorgewärmten Tellern servieren.

Tips: Diese Spezialität aus Graubünden wird »Maluns« genannt. Die Zutaten sind zwar denkbar einfach, aber die Zubereitung dieses Gerichts erfordert etwas Aufmerksamkeit. Man darf die Kartoffeln nie braten, sondern nur leicht rösten. Rühren sollten Sie mit einer Holzkelle und nicht mit dem Schneebesen. Auch darf nie zuviel Schmalz auf einmal dazugegeben werden, da die Masse sonst hart wird.

Die Kartoffeln während der Zubereitung leicht salzen und zum Schluß nochmals prüfen, ob sie genügend gewürzt sind.

Der Maluns wird mit hausgemachtem Apfelmus und Alpkäse serviert. Dazu gibt es Milchkaffee oder Veltliner Rotwein.

Variante: Einfache Kartoffelküchlein

1 kg vorwiegend festkochende rohe Kartoffeln schälen, waschen und raspeln. Gut auspressen und mit wenig Mehl und Salz mischen. Aus der Masse kleine flache Küchlein in Schmalz von beiden Seiten braten. Dieses ebenfalls aus Graubünden stammende Gericht wird im Unterengadin »Vaischlas da malinterra« genannt und als Beilage oder zusammen mit Früchtekompott gereicht

Zutaten für 3–4 Personen:

2 große festkochende Kartoffeln (etwa 500 g)
300 g Rumpsteak
schwarzer Pfeffer
1 Zwiebel
2 Knoblauchzehen
3 Frühlingszwiebeln
1 große rote Paprikaschote
100 g frische Sojasprossen
150 ml Rinderfond (aus dem Glas)
3 EL Fischsauce (Asienladen; ersatzweise 3 EL helle Sojasauce vermischt mit 1 geh. TL Sardellenpaste)
1 TL Zucker
2 TL Speisestärke
8 EL Erdnußöl
Salz

Zubereitungszeit: 50 Min.
Bei 4 Personen pro Portion etwa: 1650 kJ / 395 kcal
24 g EW / 22 g F / 29 g KH

Aus Vietnam

Kartoffeln aus dem Wok

1 Die Kartoffeln schälen, waschen und in streichholzdünne Stifte schneiden. 30 Min. in kaltes Wasser legen, damit die Stärke heraustritt, dabei die Kartoffeln mehrmals durchmischen.

2 Inzwischen das Fleisch quer zur Faser in dünne Streifen schneiden und mit Pfeffer würzen. Die Zwiebel schälen und in dünne Ringe schneiden, die Knoblauchzehen schälen und fein würfeln. Die Frühlingszwiebeln waschen, putzen und in 1 cm breite Stücke schneiden. Die Paprikaschote waschen, halbieren und putzen, dann in sehr feine Streifen teilen. Die Sprossen kalt abbrausen und gut abtropfen lassen. In einem Schälchen den Rinderfond mit der Fischsauce, dem Zucker und der Speisestärke verquirlen.

3 Die Kartoffeln sorgfältig trockentupfen. In einem Wok 4 EL Öl bei starker Hitze heiß werden lassen. Die Kartoffeln darin unter Rühren in 5 Min. goldbraun braten. Herausnehmen, salzen und beiseite stellen, das Öl abgießen.

4 Anschließend 2 EL Öl im Wok erhitzen, das Fleisch hinzufügen und 2–3 Min. pfannenrühren, herausnehmen. Zwiebel, Knoblauch und Frühlingszwiebeln in den Wok geben und 3 Min. bei mittlerer Hitze unter Rühren braten. Die Temperatur heraufschalten, das restliche Öl hinzufügen, die Paprikaschote und die Sprossen dazugeben und bei starker Hitze noch 2 Min. pfannenrühren. Alles herausheben und warm halten.

5 Wok stark erhitzen, Kartoffeln unter Rühren nochmal 4–5 Min. braten. Gemüsemischung und Fleisch dazugeben. Die Würzsauce in den Wok gießen, dicklich einköcheln lassen. Salzen und pfeffern.

Tip: Zum Servieren das Gericht mit 1 EL gehackten gerösteten Erdnüssen und 1 Handvoll gehacktem Koriandergrün (Cilantro) bestreuen.

AUS DEM BACKOFEN

Zutaten für 4–6 Personen:
1 große Zwiebel
2 Knoblauchzehen
3 EL Öl
500 g gemischtes Hackfleisch
Salz
schwarzer Pfeffer
je 2–3 Prisen Cayennepfeffer und gemahlener Kümmel
1 kg vorwiegend festkochende Kartoffeln
150 g Greyerzer
1/4 l Fleischbrühe (Instant)
200 g saure Sahne
2 Eier
1 Dose Sauerkraut (550 g Inhalt)
Butter für die Form

Zubereitungszeit: 1 1/2 Std.
Bei 6 Personen pro Portion etwa: 2280 kJ / 545 kcal
16 g EW / 24 g F / 80 g KH

Gelingt leicht

Kartoffel-Hackfleisch-Auflauf

1 Die Zwiebel und die Knoblauchzehen schälen und würfeln. Das Öl in einer Pfanne erhitzen, das Hackfleisch darin bei mittlerer Hitze unter Rühren in 10 Min. krümelig braten. Zwiebel- und Knoblauchwürfel kurz mitbraten, mit Salz, Pfeffer, Cayennepfeffer und Kümmel würzen.

2 Die Kartoffeln schälen, waschen und in dünne Scheiben schneiden. Den Käse grob raffeln. Den Backofen auf 200° vorheizen.

3 Die Brühe lauwarm erhitzen, mit Pfeffer, saurer Sahne, Eiern und Käse verrühren. Eine große, feuerfeste Form mit Butter ausstreichen.

4 Den Formboden mit Kartoffelscheiben bedecken. Die Hälfte vom Sauerkraut locker darauf verteilen. Nun die Hälfte des Hackfleisches auf das Kraut geben und mit Kartoffelscheiben bedecken. Restliches Kraut daraufgeben, das Hackfleisch darüber verteilen und mit den übrigen Kartoffelscheiben belegen.

5 Die Sahnemischung gleichmäßig über den Auflauf gießen und diesen im Ofen (Mitte, Umluft 180°) in 1 Std. 10 Min. goldbraun backen (dabei während der ersten 30 Min. die Form mit Alufolie abdecken). In der Form oder auf Teller verteilt servieren.

Zutaten für 4 Personen:

500 g Kalbsschulter (ohne Knochen)
2 Lorbeerblätter
4 Knoblauchzehen
2 TL Thymianblättchen
1 TL Rosmarinnadeln
Salz
schwarzer Pfeffer
1/4 l trockener Weißwein
5 EL Olivenöl
750 g vorwiegend festkochende Kartoffeln
2 große Zwiebeln
300 g Möhren
400 g feste Tomaten
250 g französischer Butterkäse
50 g Butter
1/8 l Fleischbrühe
50 g schwarze Oliven
Fett für die Form

Zubereitungszeit: 45 Min. (+ 12 Std. Marinierzeit + 2 Std. Garzeit)
Pro Portion etwa: 3820 kJ / 915 kcal
38 g EW / 62 g F / 44 g KH

Läßt sich gut vorbereiten

Provenzalischer Kartoffelauflauf

1 Das Fleisch in Würfel schneiden, mit dem Lorbeer, 2 geschälten Knoblauchzehen, 1 TL Thymian, den gehackten Rosmarinnadeln, Salz und Pfeffer in eine Schüssel geben. Den Wein und 2 EL Olivenöl verrühren und über das Fleisch gießen. Zugedeckt über Nacht im Kühlschrank marinieren.

2 Dann die Kartoffeln abbürsten, mit Wasser und Salz in 25–30 Min. kochen. Abgießen, schälen und abgekühlt in Scheiben schneiden. Zwiebeln und Möhren schälen, Tomaten waschen, den Käse entrinden und alles in dünne Scheiben schneiden.

3 Das Fleisch gut abtropfen lassen, Knoblauch und Lorbeer herausnehmen. Das übrige Olivenöl in einer schweren Pfanne erhitzen, das Fleisch darin bei mittlerer Hitze unter Wenden von allen Seiten in 5 Min. leicht anbräunen, samt dem Fleischsaft herausnehmen, salzen und pfeffern. 30 g Butter in der Pfanne erhitzen, Zwiebeln, den übrigen zerdrückten Knoblauch und die Möhren darin 3 Min. anrösten. Die Hälfte der Marinade angießen und 5 Min. dünsten.

4 Den Backofen auf 200° vorheizen. Eine Auflaufform gut einfetten. Abwechselnd Kartoffelscheiben, Fleischwürfel, Zwiebelmischung, Tomaten und Käse einschichten, dabei jede Kartoffelschicht mit dem restlichen Thymian, Salz und Pfeffer bestreuen. Zum Schluß Kartoffel- und Käsescheiben darauf legen, mit der restlichen Butter in Flöckchen besetzen. Übrige Marinade und Brühe verrühren, angießen.

5 Die Form mit Alufolie abdecken. Den Auflauf im Ofen (Mitte, Umluft 180°) 1 1/2 Std. schmoren, dann die Folie abnehmen und die Oliven aufstreuen. Den Auflauf weitere 20 Min. offen garen.

Dazu paßt als Getränk ein trockener Weißwein aus Frankreich, z. B. ein Côtes de Provence.

Zutaten für 3–4 Personen:

400 g Rotbarschfilet (ersatzweise Kabeljau- oder Heilbuttfilet, eventuell tiefgekühlt)
Salz
Pfeffer
3 EL Zitronensaft
2 Knoblauchzehen
3 EL Butter
300 g tiefgekühlter Blattspinat
frisch geriebene Muskatnuß
600 g vorwiegend festkochende Kartoffeln
250 g Schmand (ersatzweise Crème fraîche)
50 g frisch geriebener Emmentaler
2 Eier

Zubereitungszeit: 1 Std. 20 Min.
Bei 4 Personen pro Portion etwa: 2445 kJ / 585 kcal
31 g EW / 40 g F / 25 g KH

Gelingt leicht

Kartoffel-Fisch-Auflauf mit Spinat

1 Das Fischfilet kalt abspülen, trockentupfen (tiefgekühltes leicht antauen lassen), mit Salz, Pfeffer und Zitronensaft würzen. Den Knoblauch schälen und klein würfeln.

2 In einem Topf 2 EL Butter erhitzen, den Knoblauch darin 1 Min. andünsten, den Spinat hinzufügen und bei schwacher Hitze zugedeckt auftauen lassen. Mit Salz, Pfeffer und Muskat würzen.

3 Die Kartoffeln schälen, waschen und in dünne Scheiben schneiden. Den Backofen auf 180° vorheizen. Eine feuerfeste Form mit der restlichen Butter ausstreichen.

4 Den Schmand mit Käse, Eiern, etwas Salz und Pfeffer verquirlen. Den Boden der Form mit der Hälfte der Kartoffelscheiben auslegen. Darauf den Fisch und den Spinat verteilen. Mit Kartoffeln bedecken und die Schmandmischung darüber gießen. Im Ofen (Mitte, Umluft 160°) 40–50 Min. garen.

Tip: Wer möchte, nimmt 500 g frischen Spinat. Diesen waschen, verlesen und 2 Min. in Salzwasser blanchieren.

Als Getränk paßt Weißwein, z. B. ein Riesling aus dem Elsaß.

Zutaten für 4–6 Personen:

750 g vorwiegend festkochende Kartoffeln
500 g Möhren
2 EL Butter
Salz · schwarzer Pfeffer
1 Bund Petersilie
1 Knoblauchzehe
400 g Sahne
5 EL Sesampaste (Tahini; Naturkostladen)
1 EL Zitronensaft
50 g frisch geriebener Parmesan
2 EL Butter

Zubereitungszeit: 1 1/2 Std.
Bei 6 Personen pro Portion etwa: 1880 kJ / 450 kcal
10 g EW / 34 g F / 30 g KH

Gelingt leicht

Kartoffel-Möhren-Gratin mit Sesamsahne

1 Die Kartoffeln und die Möhren schälen, waschen und mit dem Gemüsehobel in dünne Scheiben schneiden.

2 Den Backofen auf 200° vorheizen. Eine große feuerfeste Form einfetten. Die Kartoffel- und Möhrenscheiben schuppenartig in die Form legen. Mit Salz und Pfeffer würzen.

3 Die Petersilie waschen, abzupfen, einige Blättchen beiseite legen, den Rest fein hacken. Die Knoblauchzehe schälen und in eine kleine Schüssel pressen. Die Sahne, die Sesampaste und den Zitronensaft dazugeben, mit der Petersilie gut verrühren und über die Zutaten in die Form gießen. Mit Käse bestreuen, mit Butterflöckchen belegen.

4 Das Gratin im Backofen (Mitte, Umluft 180°) 1 Std. garen. Falls die Oberfläche zu schnell dunkel wird, mit Alufolie abdecken. Mit den Petersilienblättchen garniert servieren.

Tip: Wer die Kruste cremiger mag, nimmt Bergkäse, mittelalten Gouda oder Greyerzer.

Kartoffel-Schalotten-Gratin

1 Die Schalotten schälen und in Ringe schneiden. In einer Pfanne in der Butter bei mittlerer Hitze glasig dünsten. Mit Salz, Pfeffer, Thymian und Oregano würzen und mit dem Aceto Balsamico ablöschen. Die Pfanne vom Herd nehmen. Den Schnittlauch waschen, in Röllchen schneiden und untermischen. Die Kartoffeln schälen, waschen und in feine Scheiben schneiden.

2 Den Raclettekäse in Scheiben schneiden. Die Eier mit der Milch verquirlen und mit Salz, Pfeffer und Muskat würzen. Den Backofen auf 220° vorheizen.

3 Eine feuerfeste Form einfetten. Die Kartoffeln abwechselnd mit den Käsescheiben schuppenartig in die Form schichten. Die gedünsteten Schalotten dazwischen verteilen. Den Eierguß gleichmäßig darüber gießen.

4 Das Gratin im Backofen (Mitte, Umluft 200°) 45–50 Min. garen. Falls die Oberfläche zu dunkel wird, mit Alufolie abdecken.

Zutaten für 4 Personen:

800 g mehligkochende Kartoffeln
250 g Schalotten · 2 EL Butter
Salz · Pfeffer
je 1 TL Thymian und Oregano
2 EL Aceto Balsamico (Balsamessig)
1 Bund Schnittlauch
250 g Raclettekäse
2 Eier · 350 ml Milch
1 Prise frisch geriebene Muskatnuß
Fett für die Form

Zubereitungszeit: 1 Std.
Pro Portion etwa:
2165 kJ / 515 kcal
26 g EW / 29 g F / 41 g KH

Gelingt leicht

Zutaten für 4 Personen:
1 kg festkochende Kartoffeln
Salz
1 große rote Paprikaschote
2 Knoblauchzehen
1 frische rote Chilischote
1 EL Aceto Balsamico (Balsamessig)
5 EL Olivenöl
schwarzer Pfeffer
1 Bund glatte Petersilie
500 g feste Tomaten
2 EL Öl zum Einstreichen und Beträufeln

Zubereitungszeit: 1 1/2 Std.
Pro Portion etwa:
1255 kJ / 300 kcal
6 g EW/ 13 g F/ 42 g KH

Vegetarisch

Kartoffel-Tomaten-Gratin

1 Die Kartoffeln waschen, mit Wasser und Salz in 25–30 Min. gar kochen, etwas ausdämpfen lassen, dann schälen.

2 Inzwischen den Grill oder den Backofen auf höchster Stufe vorheizen. Die Paprikaschote waschen, halbieren und putzen, die Hälften mit der gewölbten Seite nach oben auf den Rost legen und dünn mit Öl bestreichen. 8–10 Min. grillen oder backen, bis die Haut schwarz ist und Blasen wirft. Etwas abkühlen lassen, dann die Haut abziehen und die Paprika grob zerteilen.

3 Die Knoblauchzehen schälen, die Chilischote waschen, putzen und hacken. Beides mit dem Essig, 1 TL Salz und der Paprika im Mixer fein zerkleinern, dabei das Olivenöl dazufließen lassen. Die Paprika-Chili-Paste mit Salz und Pfeffer abschmecken. Die Petersilie waschen, die Blättchen fein hacken und bis auf 2 EL untermischen. Die Tomaten waschen und quer in Scheiben schneiden. Den Backofen auf 200° vorheizen.

4 Eine feuerfeste Form mit Öl einstreichen. Die Kartoffeln in Scheiben schneiden. Abwechselnd Kartoffeln und Tomaten in die Form schichten und jeweils dünn mit der Paprikapaste bestreichen.

5 Das Gratin mit dem übrigen Öl beträufeln und im heißen Ofen (Mitte, Umluft 180°) 30 Min. backen. Mit der restlichen Petersilie bestreut servieren.

Tip: Das Gericht schmeckt als vegetarisches Hauptgericht mit frischem Stangenweißbrot, aber auch als schmackhafte Beilage zu kurzgebratenem Fisch oder Fleisch.

Dazu paßt ein gut gekühlter Rosé oder ein leichter Rotwein aus Spanien oder Frankreich.

Der Tip vom Profi

Sauerkraut gibt es nicht überall fertig gekocht zu kaufen. Falls Sie keines bekommen, können Sie das Kraut selbst garen, und zwar problemlos schon am Tag zuvor. Dafür 1 gehackte Zwiebel in 2 EL Butterschmalz andünsten. 500 g rohes Sauerkraut hinzufügen und kurz mitdünsten. 2 Wacholderbeeren und 1 Lorbeerblatt einlegen, das Kraut mit Salz, Pfeffer und etwas Zucker würzen und mit etwa 1/4 l Flüssigkeit (Wasser, Brühe oder Apfelsaft) aufgießen. Je nach Qualität 30–60 Min. bei mittlerer Hitze zugedeckt schmoren.

Zutaten für 4 Personen:

350 g Geflügelfleisch (Hähnchen, Pute, Ente, Gans oder Wildgeflügel)
1 Zwiebel
2 EL Butter- oder Gänseschmalz
Salz
weißer Pfeffer
1/8 l Riesling
1 EL Mehl
1/4 l Milch
2 Eigelbe
500 g gegarte Pellkartoffeln
500 g gekochtes Sauerkraut
50 g frisch geriebener Käse (Greyerzer oder Comté)

Zubereitungszeit: 1 1/4 Std.
Pro Portion etwa:
1650 kJ / 395 kcal
29 g EW/ 16 g F/ 29 g KH

Aus dem Elsaß

Sauerkrautgratin mit Geflügel

1 Das Geflügelfleisch kalt abspülen, trockentupfen und in dünne Scheiben schneiden. Die Zwiebel schälen und fein hacken.

2 In einer Pfanne 1 EL Schmalz erhitzen, die Geflügelscheiben darin kurz anbraten. Aus der Pfanne nehmen, salzen und pfeffern.

3 Das restliche Schmalz in der Pfanne erhitzen. Die Zwiebel darin andünsten, mit dem Mehl bestäuben, kurz mitdünsten. Mit dem Riesling ablöschen und gut verrühren, den Bratfond lösen. Die Milch unter kräftigem Rühren dazugießen und alles 5 Min. weiterkochen lassen.

4 Die Sauce von der Kochstelle nehmen und die Eigelbe unterziehen. Den Backofen auf 180° vorheizen.

5 Die Kartoffeln schälen, waschen, in dünne Scheiben schneiden und lagenweise mit dem Sauerkraut und dem Geflügelfleisch in eine feuerfeste Form schichten. Mit der Sauce begießen und mit dem Käse bestreuen.

6 Das Gratin im heißen Ofen (Mitte, Umluft 160°) 30 Min. garen, dann die Temperatur auf 220° (Umluft 200°) erhöhen und das Gratin noch 10 Min. überbacken, bis die Oberfläche leicht Farbe annimmt.

Kartoffel-Zucchini-Moussaka

Zutaten für 6 Personen:

1 weiße Zwiebel
2 Knoblauchzehen
5 EL Olivenöl
500 g gemischtes Hackfleisch
2 EL Tomatenmark
1 große Dose geschälte Tomaten (800 g Inhalt)
1 TL gehackter Oregano
1 Bund Petersilie
Salz · schwarzer Pfeffer
2–3 EL Zitronensaft
800 g festkochende Kartoffeln
600 g mittelgroße Zucchini
200 g griechischer Schafkäse
50 g Butter · 40 g Mehl · 1/2 l Milch
frisch geriebene Muskatnuß
Butter für die Form

Zubereitungszeit: *2 3/4 Std.*
Pro Portion etwa:
2535 kJ / 605 kcal
14 g EW / 28 g F / 91 g KH

Für Gäste

1 Zwiebel und Knoblauch schälen, klein würfeln und in 1 EL Olivenöl glasig dünsten. Hackfleisch hinzufügen und unter Rühren bei mittlerer Hitze in 5 Min. krümelig braten. Tomatenmark, Tomaten samt Saft und Oregano einrühren. Offen 20 Min. leise köcheln lassen. Petersilie waschen, Blättchen fein hacken. Unter das Fleisch rühren. Mit Salz, Pfeffer und Zitronensaft kräftig würzen.

2 Inzwischen die Kartoffeln schälen und waschen, Zucchini waschen und putzen. Beides in dünne Scheiben schneiden. Nacheinander auf ein Backblech legen und mit je 2 EL Olivenöl beträufeln. Grill oder Backofen auf höchster Stufe vorheizen. Zucchini im Ofen (Mitte) 5 Min., Kartoffeln 8 Min. bräunen. Im heißen Backofen brauchen Zucchini und Kartoffeln 25–30 Min.

3 Eine große feuerfeste Form fetten. Ein Drittel der Kartoffeln hineinlegen. Je die Hälfte der Hacksauce und der Zucchini darauf verteilen, mit 50 g zerbröckeltem Schafkäse bestreuen. Das zweite Drittel der Kartoffelscheiben darauf schichten, mit der restlichen Hacksauce und den übrigen Zucchini bedecken. Noch 50 g Käse darüber bröckeln. Übrige Kartoffelscheiben obenauf legen. Gemüse dabei salzen und pfeffern.

4 Den Backofen auf 180° vorheizen. Für die Sauce die Butter schmelzen lassen, Mehl darüber stäuben und hellgelb anschwitzen. Die Milch unter Rühren dazugießen, aufkochen und die Sauce bei schwacher Hitze 10 Min. offen köcheln lassen. Den übrigen Schafkäse klein würfeln, hinzufügen und die Sauce fein pürieren. Mit Salz, Pfeffer, Muskat und Zitronensaft abschmecken. Die Sauce über die Moussaka geben. Im heißen Ofen (Mitte; Umluft 150°) in 1 Std. goldbraun backen.

Zutaten für 4–6 Personen:
800 g festkochende Kartoffeln
2 große Zwiebeln
150 g Bacon (Frühstücksspeck)
2 EL Butter
1 ganzer Reblochonkäse (etwa 400 g)
Salz
Pfeffer
250 g Crème fraîche

Zubereitungszeit: 1 1/2 Std.
Bei 6 Personen pro Portion etwa: 2855 kJ / 685 kcal
28 g EW / 53 g F / 22 g KH

Gelingt leicht

Savoyer Käsekartoffeln

1 Die Kartoffeln waschen und mit Wasser zugedeckt in 25–30 Min. knapp gar kochen. Abgießen, etwas ausdämpfen lassen, noch warm schälen und in dünne Scheiben schneiden.

2 Während die Kartoffeln kochen, die Zwiebeln schälen, halbieren und in feine Streifen schneiden. Den Bacon fein würfeln.

3 In einer Pfanne 1 1/2 EL Butter schmelzen. Die Zwiebeln darin glasig dünsten. Den Backofen auf 220° vorheizen. Einen großen, runden, feuerfesten Topf mit der restlichen Butter ausstreichen.

4 Die Hälfte der Kartoffelscheiben in den Topf geben und mit den Zwiebelstreifen und dem Speck belegen. Die Außenschicht des Käses dünn abschneiden, den Käse in dünne Scheiben schneiden. In der Form verteilen. Die restlichen Kartoffelscheiben salzen, pfeffern und das Gratin damit abdecken.

5 Das Gratin mit der Crème fraîche begießen. Im heißen Ofen (Mitte, Umluft 200°) 30 Min. backen. Dann die Temperatur auf 250° (Umluft 220°) erhöhen und weitere 5–8 Min. backen, bis die oberste Kartoffelschicht etwas Farbe annimmt. Es soll keine starke Kruste entstehen.

Info: Diese Spezialität nennt man in Savoyen »Tartiflette«. Der Reblochon, ein würziger Rotschmierkäse, ist typisch für diese Gegend. Er sollte gut ausgereift sein. Beim Backen deckt man ihn mit Kartoffeln ab, damit er im Gratin nur zerfließt und keine Kruste bilden kann, was seinem Geschmack schaden würde.

Tips: Nicht mehr ganz authentisch, aber dennoch köstlich ist das Gericht mit anderem Käse, zum Beispiel würzigem, leicht schmelzendem Fontina oder Raclettekäse aus dem Wallis.

Manchmal verwendet man statt Speck auch gepökelte Schweinsbrust. Am besten eignet sich aber bereits dünn geschnittener Frühstücksspeck.

Gefüllte Kartoffeln

Zutaten für 4 Personen:

8 mittelgroße, vorwiegend festkochende Kartoffeln (je 200–250 g)
1 TL Öl
50 g Weißbrot vom Vortag
1 Zwiebel
3 EL Olivenöl oder Butter
250 g gehacktes Fleisch (z. B. eine Mischung aus Rind, Schwein oder Lamm)
1 EL frisch gehackte Petersilie
1 EL frisch gehacktes Basilikum
1 Knoblauchzehe (nach Belieben)
Salz · Pfeffer
1/4 l Fleischbrühe

Zubereitungszeit: 1 1/2 Std.
Pro Portion etwa:
2070 kJ / 495 kcal
11 g EW / 10 g F / 101 g KH

Preiswert

1 Den Backofen auf 200° vorheizen. Die Kartoffeln schälen, waschen und an der Unterseite geradeschneiden. Jede Kartoffel in ein leicht geöltes Stück Alufolie einpacken und im heißen Ofen (Mitte, Umluft 180°) 45–60 Min. garen. Mit einer Messerspitze Garprobe machen!

2 Inzwischen das Brot zerzupfen und mit heißem Wasser begießen. Die Zwiebel schälen, fein hacken. Das Öl oder die Butter in einer Pfanne erhitzen. Die Zwiebel mit dem Fleisch darin unter Rühren kurz andünsten. Die Kräuter und nach Belieben den zerdrückten Knoblauch zugeben.

3 Das Brot ausdrücken, durch ein Sieb passieren und unter die Masse mischen, kräftig salzen und pfeffern.

4 Die Kartoffeln aus der Folie nehmen, einen Deckel wegschneiden und die Kartoffeln etwas aushöhlen. Das ausgehöhlte Kartoffelfleisch fein zerdrücken oder passieren und unter die Füllung mischen. Die Füllung nochmals abschmecken und leicht angehäuft in die Kartoffeln geben.

5 Die Kartoffeln in eine feuerfeste Form stellen, 2 cm hoch Brühe einfüllen. 10–15 Min. bei 200° (Umluft 180°) überbacken.

Der Tip vom Profi !

Der Deckel und die Hälfte des ausgehöhlten Fruchtfleisches werden bei allen Rezepten auf dieser Doppelseite nicht gebraucht, sind aber zu schade zum Wegwerfen. Entweder Sie bereiten damit am nächsten Tag eine Suppe mit reichlich Wurzelgemüse und Fleisch- oder Gemüsebrühe zu, verfeinern das Ganze mit etwas Crème fraîche und frischen Kräutern oder Sie machen Rösti für 1–2 Personen daraus. Wie man Rösti macht, erfahren Sie auf Seite 81.

Kartoffeln mit Spinat und Käse

Zutaten für 4 Personen:

- 8 mittelgroße, vorwiegend festkochende Kartoffeln (je 200–250 g)
- 1 TL Öl
- 250 g Blattspinat
- 1 kleine Zwiebel
- 1 EL Butter
- 1 EL Mehl
- 2 EL Sahne
- Salz · Pfeffer
- 1–2 gehackte Salbeiblätter
- 120 g gut schmelzender Käse (Fontina oder Greyerzer)

Zubereitungszeit: 1 1/2 Std.
Pro Portion etwa:
1765 kJ / 420 kcal
16 g EW / 15 g F / 59 g KH

Gelingt leicht

1 Den Backofen auf 200° vorheizen. Kartoffeln wie links beschrieben vorbereiten und im Ofen (Mitte, Umluft 180°) 45–60 Min. garen.

2 Inzwischen Spinat waschen, 1 Min. blanchieren, abschrecken, ausdrücken und hacken. Die Zwiebel schälen und hacken, mit dem Spinat in der Butter andünsten. Mit Mehl bestäuben, die Sahne zugießen und etwas einkochen lassen.

3 Die Kartoffeln aushöhlen, das Ausgehöhlte zerkleinert zum Spinat geben. Mit Salz, Pfeffer und Salbei würzen. In die Kartoffeln füllen. Bei 180° (Umluft 160°) 10 Min. erwärmen, mit Käse belegen und bei 220° (Umluft 200°) weitere 5 Min. überbacken, bis er schmilzt.

Kartoffeln mit Räucherlachs

Zutaten für 4 Personen:

- 8 mittelgroße, vorwiegend festkochende Kartoffeln (je 200–250 g)
- 1 TL Öl
- 150 g Räucherlachs
- 125 g Sahne
- 30 g geriebener Meerrettich (aus dem Glas)
- Salz · weißer Pfeffer
- 8 kleine Dillzweige

Zubereitungszeit: 1 1/4 Std.
Pro Portion etwa:
1550 kJ / 370 kcal
14 g EW / 11 g F / 56 g KH

Für Gäste

1 Den Backofen auf 200° vorheizen. Kartoffeln wie links beschrieben vorbereiten und im Ofen (Mitte, Umluft 180°) 45–60 Min. garen.

2 Die noch warmen Kartoffeln so aushöhlen, daß ein Rand von 2 cm stehen bleibt. Den Lachs klein würfeln, in die Höhlungen füllen. Die Sahne steif schlagen, mit Meerrettich mischen, salzen und pfeffern.

3 Die Kartoffeln mit einer Meerrettich-Sahnehaube versehen und mit Dill garnieren.

Kartoffeln mit Wirsing

Zutaten für 4 Personen:

- 8 mittelgroße, vorwiegend festkochende Kartoffeln (je etwa 200 g)
- 1 TL Öl · 500 g Wirsing · Salz
- 2 EL Olivenöl · 2 Zwiebeln
- 200 g Bacon (Frühstücksspeck)
- 1 EL Mehl · 1 EL Butter
- 300 ml Milch
- je 1 EL frisch gehackter Majoran und Thymian
- 1 Prise gemahlener Koriander
- 100 g saure Sahne
- 200 g frisch geriebener Emmentaler

Zubereitungszeit: 1 1/4Std.
Pro Portion etwa:
3900 kJ / 930 kcal
42 g EW / 54 g F / 72 g KH

Preiswert

1 Den Backofen auf 200° vorheizen. Kartoffeln wie beschrieben garen.

2 Wirsing 8 Min. in Salzwasser garen, ausdrücken und hacken. Mit gehackten Zwiebeln im Öl andünsten. Speck würfeln, bis auf 2 EL hinzufügen, 5 Min. zugedeckt garen. Mehl in Butter anschwitzen. Milch unterrühren, 10 Min. köcheln lassen. Saure Sahne, Käse, Kräuter, Salz und Koriander untermischen.

3 Kartoffeln aushöhlen, Hälfte vom Ausgehöhlten mit 2–3 EL Käsesauce zum Wirsing geben. In die Kartoffeln füllen, mit restlicher Sauce bedecken, mit übrigem Speck belegen. Bei 200° (Umluft 180°) 15 Min. überbacken.

Zutaten für 4 Personen:

4 große mehligkochende Kartoffeln (je 250–300 g)
4 TL Öl
2 hartgekochte Eier
3 EL Weißweinessig
1 TL scharfer Senf
Salz
schwarzer Pfeffer
100 ml hochwertiges Sonnenblumenöl
100 g Schmand (ersatzweise Crème fraîche)
1 Bund gemischte Kräuter (z.B. Dill, Kerbel, Petersilie, Sauerampfer, Schnittlauch)
60 g Butter
Zitronenmelisse zum Garnieren

Zubereitungszeit: 2 Std.
Pro Portion etwa:
2640 kJ / 630 kcal
7 g EW / 52 g F / 36 g KH

Aus Nordamerika

Baked Potatoes mit grüner Sauce

1 Den Backofen auf 225° vorheizen. Die Kartoffeln gründlich waschen, trockenreiben und mit einer Gabel mehrmals einstechen, damit die Schale nicht platzt.

2 Für jede Kartoffel ein ausreichend großes Stück Alufolie mit Öl bestreichen und die Kartoffeln einzeln fest darin einwickeln. Auf den Rost legen und im Ofen 1 1/2 Std. (Mitte, Umluft 200°) backen.

3 Inzwischen für die Sauce die Eier schälen. Die Eiweiße ablösen, Eigelbe durch ein feines Sieb streichen und mit dem Essig, Senf, Salz und Pfeffer verrühren. Das Sonnenblumenöl nach und nach dazufließen lassen, dabei mit den Quirlen des elektrischen Handrührgeräts ständig schlagen, bis eine mayonnaisenartige Sauce entstanden ist. Den Schmand unterrühren. Eiweiße sehr fein hacken und dazugeben.

4 Die Kräuter kurz abspülen, trockenschwenken, ohne Stiele fein hacken, unter die Sauce rühren. Mit Salz und Pfeffer abschmecken. Die Sauce zugedeckt ziehen lassen.

5 Die fertigen Kartoffeln in der Folie auf einen Teller legen, kreuzweise und tief durch die Folie schneiden, Folie und Kartoffelschale öffnen und zurückbiegen. Die Kartoffeln mit etwas Salz bestreuen und einige Butterflöckchen darauf schmelzen lassen. Etwas Sauce auf die Öffnungen geben und die Kartoffeln mit Zitronenmelisse garnieren. Die übrige Sauce dazu reichen.

Tip: Wenn Sie Zeit sparen möchten, können Sie die Kartoffeln auch in der Schale 30 Min. vorkochen. Danach abgießen, abschrecken, abtrocknen und eingewickelt noch 20–25 Min. im Ofen backen.

Variante:
Backkartoffeln mit Garnelen

Je 150 g saure Sahne und Crème fraîche cremig rühren, mit Salz, Pfeffer und einigen Spritzern Zitronensaft würzen. Die fertig gebackenen Kartoffeln an der Oberseite kreuzförmig einschneiden und etwas auseinanderbrechen. 60 g Butterflöckchen und etwas Sahnecreme auf die Öffnungen verteilen. Darauf 50 g geschälte und gekochte Garnelen geben. Kartoffeln mit Dill garnieren.

Das besondere Rezept !

Ein preiswertes Gericht, das leicht gelingt und dabei so gut schmeckt, daß Sie jederzeit Gäste damit bewirten können. Das Aroma bekommt das feine Hähnchen, das aus dem türkischen Teil Zyperns stammt, hauptsächlich von Anisschnaps und Zitronensaft. Davor schmecken z. B. türkische gefüllte Weinblätter mit Gurken-Knoblauch-Joghurt, danach frische Erdbeeren mit halbsteif geschlagener Sahne oder griechischem Joghurt und Minzeblättchen. Als Getränk sollten Sie einen kräftigen Rotwein, z. B. einen Villa Doluca aus der Türkei, reichen.
Und: wer möchte, kann das Hähnchen zur Abwechslung auch einmal durch Kaninchen ersetzen.

Kartoffel-Hähnchen mit Raki

Zutaten für 4 Personen:

1 küchenfertige Poularde (etwa 1,2 kg)
Salz
schwarzer Pfeffer
1 kg kleine festkochende Kartoffeln
6 Knoblauchzehen
8 Zweige frischer Thymian
3 Zweige Rosmarin
3 Lorbeerblätter
2 TL Fenchelsamen
1 1/2–2 Zitronen
3 EL Raki oder Ouzo (ersatzweise 5 EL Pernod oder anderen Anisschnaps)
4 EL Olivenöl
Rosmarinzweige zum Garnieren

Zubereitungszeit: 2 Std.
Pro Portion etwa:
2140 kJ / 510 kcal
40 g EW / 19 g F / 42 g KH

Gelingt leicht

1 Das Hähnchen in 8 Portionsstücke teilen, die Stücke unter kaltem Wasser abbrausen und mit Küchenpapier trockentupfen. Mit Salz und Pfeffer kräftig einreiben.

2 Die Kartoffeln schälen, waschen und halbieren. Die Knoblauchzehen schälen. Die Thymian- und Rosmarinzweige abbrausen, mit den Lorbeerblättern zu einem Sträußchen zusammenbinden. Die Fenchelsamen zerdrücken, Zitronen auspressen. Beides mit dem Raki, Salz und Pfeffer verrühren.

3 Den Backofen auf 200° (Umluft 180°) vorheizen. Das Öl in einem Bräter stark erhitzen, die Hähnchenteile darin 5 Min. braten, bis sie rundherum braun sind. Die Kartoffeln und Knoblauchzehen hinzufügen und unter Wenden in 2 Min. goldbraun anbraten. Die Raki-Mischung darüber gießen und den Kräuterstrauß einlegen.

4 Das Hähnchen im Ofen (unten; Umluft 180°) zugedeckt 1 1/4 Std. braten. Die Temperatur auf 225° (Umluft 200°) heraufschalten und das Gericht noch 15 Min. offen bräunen. Vor dem Servieren den Kräuterstrauß entfernen. Das Hähnchen mit frischem Rosmarin garniert servieren.

Dazu schmeckt am besten Tomatensalat.

Kartoffelstrudel mit Artischocken

Zutaten für 4 Personen:

Für den Teig:
200 g Mehl
1 EL Öl
1 Prise Salz
1 EL Weißwein oder Wasser
1 Eigelb
etwa 75 ml handwarmes Wasser
Für die Füllung:
400 g festkochende Kartoffeln
300 g Artischockenböden (aus der Dose)
3 große Schalotten
4 EL Butter
3 EL Noilly Prat (weißer trockener Wermut)
8 EL Sahne
1 TL Speisestärke
Salz
Pfeffer
Für die Sauce:
120 g saure Sahne
2 TL grobkörniger Senf
2 EL frisch gehackter Kerbel
Salz
Pfeffer
Außerdem:
50 g Butterschmalz zum Bestreichen
Backpapier für das Backblech

Zubereitungszeit: 1 1/2 Std. (+ 1 Std. Ruhezeit)
Pro Portion etwa:
2885 kJ / 690 kcal
12 g EW / 42 g F / 66 g KH

Vegetarisch

1 Das Mehl auf die Arbeitsfläche sieben, eine Vertiefung in die Mitte drücken. Gut 1/2 EL Öl mit dem Salz, dem Weißwein und dem Eigelb mischen und in die Vertiefung geben. Unter Rühren unter das Mehl arbeiten, dabei nach und nach das Wasser dazugeben. Dann so lange kneten, bis ein glatter Teig entsteht.

2 Den Teig zu einer Kugel formen, mit dem restlichen Öl bestreichen und zugedeckt 1 Std. ruhen lassen.

3 Die Kartoffeln schälen, waschen, in 1 cm große Würfel schneiden und in einem Tuch gut abtrocknen. Die Artischockenböden ebenfalls in kleine Würfel schneiden. Die Schalotten schälen und fein hacken.

4 Die Butter in einer großen Pfanne erhitzen. Die Kartoffelwürfel darin unter Wenden bei mittlerer Hitze kurz anbraten. Die Artischockenwürfel 1–2 Min. mitdünsten. Die Schalotten ebenfalls kurz mitdünsten. Alles gut mischen, erkalten lassen.

5 Den Wermut mit der Sahne und der Stärke verrühren. Unter die Kartoffelmasse ziehen und mit Salz und Pfeffer kräftig abschmecken.

6 Das Butterschmalz zum Bestreichen erwärmen, bis es flüssig wird. Den Teig auf einem bemehlten Küchentuch ausrollen und anschließend über den Handrücken sehr dünn zu einem Rechteck ausziehen, bis das Küchentuch durchscheint. Den ausgezogenen Teig mit wenig Butterschmalz bestreichen. Den Backofen auf 190° vorheizen.

7 Die Kartoffelmischung gleichmäßig so auf dem Teigstück verteilen, daß ein Drittel des Teiges und beidseitig 4 cm leer bleiben. Den gefüllten Teig mit Hilfe des Tuches zu einer Rolle formen. Die Seiten mit etwas Wasser befeuchten und einschlagen. Das leere Teigdrittel ebenfalls befeuchten und über den Strudel ziehen, um ihn zu verschließen.

8 Ein großes Backblech mit Backpapier auslegen, den Strudel mit Hilfe des Tuchs daraufgeben und mit flüssigem Butterschmalz bestreichen. Im heißen Ofen (Mitte, Umluft 170°) 40 Min. backen. Dabei zwei- bis dreimal mit dem restlichen Schmalz bestreichen.

9 Für die Sauce die saure Sahne mit dem Senf und dem Kerbel mischen und mit Salz und Pfeffer abschmecken. Zum warmen Strudel servieren.

Tips: Statt der Kräutercreme schmeckt auch eine Sauce hollandaise gut zum Artischockenstrudel.

Wenn Sie frische Artischocken verwenden wollen, müssen Sie diese putzen und vorgaren. Dafür das obere Drittel der Artischocken mit einem scharfen Messer abschneiden. Die Stiele abbrechen. Die Schnittflächen sofort mit einer halbierten Zitrone abreiben. Die Artischocken in kochendem Wasser 20–30 Min. garen, bis sich die Blätter mühelos herausziehen lassen. Im Sud erkalten lassen, dann abgießen. Das Innere, Heu genannt, herausziehen, die Blätter auszupfen und so die Böden freilegen und weiterverwenden. Die Blätter aufheben und separat mit einer Sauce, z. B. einer Vinaigrette, servieren. Sie schmecken gut als Vorspeise.

Doch auch Artischocken aus der Dose oder dem Glas sind von guter Qualität und eignen sich für die Zubereitung des Strudels.

Den Teig auswallen und mit Hilfe des Küchentuchs und dann über den Handrücken sehr dünn ausziehen.

Den ausgezogenen Teig mit der Kartoffelfüllung belegen. Seitlich die Ränder freilassen, nach innen schlagen.

Den gefüllten Teig mit Hilfe des Tuches aufrollen und den Strudel verschließen.

Zutaten für 4–6 Personen:

Für den Teig:
450 g tiefgekühlter Blätterteig
Für den Belag:
600 g kleine festkochende Kartoffeln
2–3 Stangen zarter Lauch (etwa 500 g)
1 Zwiebel
100 g durchwachsener Räucherspeck
2 EL Butter
Salz
schwarzer Pfeffer
frisch geriebene Muskatnuß
100 g Raclettekäse
100 g Schweizer Emmentaler
2 Eier
125 g Sahne
Paprika, edelsüß
Mehl für die Arbeitsfläche

Zubereitungszeit: 1 1/2 Std.
Bei 6 Personen pro Portion etwa: 3445 kJ / 825 kcal
24 g EW / 57 g F / 54 g KH

Preiswert

Kartoffel-Lauch-Kuchen

1 Die Blätterteigplatten nebeneinander legen und in 20 Min. auftauen lassen. Den Backofen auf 225° vorheizen.

2 Inzwischen die Kartoffeln schälen, waschen und in feine Scheiben hobeln. Die Lauchstangen putzen, gründlich waschen und in dünne Ringe schneiden. Die Zwiebel schälen und ebenso wie den Speck in kleine Würfel schneiden.

3 Die Teigplatten aufeinanderlegen und auf der bemehlten Arbeitsfläche dünn ausrollen. Eine Springform von 28 cm Durchmesser mit kaltem Wasser ausspülen und mit dem Teig auskleiden, dabei einen 4 cm breiten Rand hochziehen. Die Teigreste beiseite legen. Den Teigboden mit einer Gabel mehrmals einstechen und im Ofen (unten, Umluft 200°) 15 Min. vorbacken.

4 Inzwischen die Butter in einer Pfanne erhitzen, die Zwiebel darin bei schwacher Hitze glasig dünsten. Die Kartoffeln dazugeben und unter Wenden 10 Min. braten, dann den Lauch untermischen und alles weitere 5 Min. dünsten. Mit Salz, Pfeffer und Muskat würzen.

5 Den Backofen auf 200° herunterschalten. Beide Käsesorten fein reiben und mit den Speckwürfeln unter das Gemüse mischen. Die Masse auf dem vorgebackenen Boden verteilen. Eier und Sahne verquirlen, mit Salz, Pfeffer und Paprika würzen. 1 EL davon abnehmen, den Rest über die Zutaten gießen.

6 Aus den Teigresten kleine Ornamente ausstechen, diese auf dem Gemüse verteilen, mit der übrigen Eiersahne bestreichen. Den Kuchen im Ofen (Mitte; Umluft 180°) in 30 Min. goldbraun backen

Dazu paßt ein Weißwein aus der Schweiz, z. B. ein Fendant, aber auch ein kräftiger Rotwein, wie ein Chianti classico aus der Toskana.

Zutaten für 4–6 Personen:

1,5 kg mehligkochende Kartoffeln
Salz
4 EL Olivenöl
1,5 kg reife Tomaten
2 Knoblauchzehen
schwarzer Pfeffer
1 EL frisch gehackter Oregano (oder 2 TL getrockneter)
1 Dose Thunfisch im eigenen Saft (200 g Inhalt)
2–3 Schalotten
250 g Mozzarella
100 g Mehl
80 g schwarze Oliven
80 g frisch geriebener Parmesan
1 Bund Petersilie
Öl für das Blech

Zubereitungszeit: 1 3/4 Std. (+ 30 Min. Ruhezeit)
Bei 6 Personen pro Portion etwa: 2760 kJ / 660 kcal
32 g EW / 32 g F / 67 g KH

Für Gäste

Kartoffelpizza mit Thunfisch

1 Die Kartoffeln waschen und mit Wasser und Salz zugedeckt bei mittlerer Hitze in 25–30 Min. gar kochen. Dann abgießen, noch heiß schälen und sofort durch die Kartoffelpresse drücken, etwas abkühlen lassen. Mit 2 TL Salz und 2 EL Olivenöl verkneten, erkalten lassen.

2 Inzwischen die Stielansätze der Tomaten entfernen, die Tomaten kurz überbrühen, häuten, vierteln und entkernen. Das Fruchtfleisch klein würfeln. Die Knoblauchzehen schälen und dazupressen. Mit Salz, Pfeffer und Oregano kräftig würzen.

3 Den Thunfisch abtropfen lassen und zerpflücken. Die Schalotten schälen und in feine Ringe schneiden. Den Mozzarella in dünne Scheiben schneiden.

4 Den Backofen auf 225° (Umluft 200°) vorheizen. Ein Backblech fetten. Das Mehl unter die Kartoffeln kneten. Den Teig auf dem Blech verteilen und im Ofen (Mitte) 25 Min. vorbacken.

5 Den Teigboden herausnehmen, die Tomaten darauf verteilen. Mit Mozzarella, Thunfisch und Schalotten belegen. Die Oliven darüber streuen und mit dem übrigen Olivenöl beträufeln. Noch 15 Min. backen, dann mit dem Parmesan bestreuen und weitere 10 Min. backen.

6 Inzwischen die Petersilie waschen, die Blättchen fein hacken. Vor dem Servieren auf die Pizza streuen.

Dazu schmeckt ein großer, grüner Salat. Als Getränk einen vollmundigen Weißwein aus Italien, z. B. einen Pinot Grigio, servieren.

Tip: Auch wenn es schwer fällt – nehmen Sie die Pizza nach dem Backen aus dem Ofen und lassen sie noch 5 Min. stehen. Sie läßt sich dann besser anschneiden.

Zutaten für 4–6 Personen:

150 g Mehl
4 Eier
6 EL Milch
1–2 Zweige Rosmarin
Salz
Pfeffer
frisch geriebene Muskatnuß
1 TL getrockneter Majoran
800 g vorwiegend festkochende Kartoffeln
2 Zwiebeln
2 Knoblauchzehen
150 g durchwachsener Räucherspeck
2 Knackwürste
60 g Butter

Zubereitungszeit: 1 3/4 Std.
Bei 6 Personen pro Portion etwa: 2115 kJ / 505 kcal
19 g EW / 30 g F / 40 g KH

Preiswert

Kartoffel-Speck-Kuchen

1 Das Mehl mit den Eiern und der Milch zu einem glatten, dickflüssigen Teig verquirlen. Die Rosmarinnadeln fein hacken und unter den Teig mengen. Mit Salz, Pfeffer, Muskat und Majoran würzen

2 Die Kartoffeln schälen, waschen, grob raspeln und sofort unter den Mehlteig rühren. Die Zwiebeln und den Knoblauch schälen. Zwiebeln und Speck in kleine Würfel schneiden, Knoblauch fein hacken. Die Knackwürste in Scheiben schneiden. Den Backofen auf 180° vorheizen.

3 In einer Pfanne 1 EL Butter erhitzen, den Speck darin anbraten. Die Zwiebelwürfel kurz mitbraten. Knoblauch und Wurstscheiben dazugeben, alles durchschwenken und unter den Kartoffelteig mischen.

4 Eine größere Bratpfanne oder feuerfeste Form mit etwas Butter ausstreichen, die Kartoffelmasse hineingeben und glattstreichen. Die restliche Butter in kleinen Flöckchen darauf verteilen. Im Ofen (Mitte, Umluft 160°) 1 Std. backen. Noch heiß in Stücke teilen und mit einem Salat servieren.

Tip: Statt Knackwürstchen können Sie beliebige andere Wurstsorten (Salami, Fleischwurst) verwenden.

Variante:
Kartoffelkuchen aus Mürbeteig

100 g Butter in kleinen Stückchen, 300 g Mehl, 1 Eigelb, Salz und 100 ml Wasser zu einem Mürbeteig verarbeiten. Den Teig zu einer Kugel formen, 1 Std. kühl stellen. 1 kg vorwiegend festkochende Kartoffeln schälen, in kleine Würfel schneiden und in 6 EL Schmalz anbraten. 2 gewürfelte Zwiebeln und 150 g Speckwürfel dazugeben, würzen. 200 g Crème fraîche mit 2 Eigelben und 1 Bund Schnittlauchröllchen verrühren, unter die Kartoffeln mischen. Den Teig rund ausrollen, eine Obstkuchenform von 30 cm Durchmesser damit auskleiden. Kartoffelmasse einfüllen, im vorgeheizten Backofen bei 180° (Umluft 160°) in 30 Min. goldbraun backen.

Kartoffelplotz

Zutaten für 4–6 Personen:

1 große Zwiebel
4 EL Butter
1 kg mehligkochende Kartoffeln
3 EL Crème fraîche
3 EL Speisestärke
4 Eier
100 g frisch geriebener Käse (z. B. Emmentaler, Appenzeller, Gouda)
Salz
Pfeffer
1 TL Paprika, rosenscharf
600 g Zucchini
3 Knoblauchzehen
500 g Tomaten
Fett für das Blech

Zubereitungszeit: 1 1/2 Std.
Bei 6 Personen pro Portion etwa:
1419 kJ / 340 kcal
13 g EW / 19 g F / 32 g KH

Für Gäste

1 Die Zwiebel schälen, fein hacken und in einer Pfanne in 1 EL Butter glasig dünsten. Die Kartoffeln schälen, waschen und auf einer Gemüsereibe nicht zu grob in eine Schüssel raspeln.

2 Den Backofen auf 220° vorheizen. Die Crème fraîche mit der Speisestärke und den Eiern mischen und mit der gedünsteten Zwiebel und der Hälfte des Käses zu den Kartoffeln geben. Mit Salz, Pfeffer und Paprika kräftig würzen und gut mischen.

3 Ein Backblech einfetten und die Kartoffelmasse gleichmäßig darauf streichen. Im Backofen (Mitte, Umluft 200°) 30–35 Min. backen.

4 Inzwischen die Zucchini putzen, waschen und mittelfein raspeln. In einer breiten Pfanne in der restlichen Butter bei mittlerer Hitze 5 Min. dünsten. Den Knoblauch schälen, dazupressen und untermischen. Mit Salz und Pfeffer würzen.

5 Die Stielansätze der Tomaten entfernen, die Tomaten kurz überbrühen, häuten, entkernen und grob zerschneiden. Vorsichtig unter die Zucchiniraspel mischen und gleichmäßig auf dem Kartoffelkuchen verteilen. Mit dem restlichen Käse bestreuen und weitere 20–25 Min. backen. Heiß aus dem Ofen servieren.

Tip: Anstelle der Zucchini-Tomatenmischung können Sie 800 g Lauch in feine Ringe schneiden, in Butterschmalz andünsten und mit 150 g kleingewürfeltem Räucherspeck dünsten. Auf dem Kartoffelteig verteilen und mit Käse bestreuen.

Zutaten für 1 Backblech:

400 g Mehl
1 Würfel Hefe (42 g)
1/8 l lauwarme Milch
150 g Zucker
250 g Pellkartoffeln vom Vortag
150 g Margarine
Salz
abgeriebene Schale von 1 unbehandelten Zitrone
100 g Butter
Zimtzucker zum Bestreuen
Backpapier für das Blech

Zubereitungszeit: 1 Std. (+ 1 Std. Ruhezeit)
Bei 16 Stück pro Stück etwa: 1090 kJ / 260 kcal
4 g EW / 13 g F/ 32 g KH

Preiswert

Kartoffelkuchen vom Blech

1 Für den Hefeteig das Mehl in eine Schüssel sieben, in die Mitte eine Mulde drücken. Hefe zerkrümeln, mit 4 EL Milch und 1 TL Zucker verrühren. In die Mehlmulde gießen, von der Mitte aus mit etwas Mehl verarbeiten und abgedeckt bei Zimmertemperatur 30 Min. gehen lassen.

2 Die Kartoffeln schälen und fein reiben. Die Margarine in kleinen Stückchen, den restlichen Zucker, 1/4 TL Salz, die übrige Milch, Zitronenschale und die geriebenen Kartoffeln unter den Teig mengen. Alles gründlich verkneten und nochmals 40 Min. ruhen lassen.

3 Den Backofen auf 200° vorheizen. Das Backblech mit Backpapier auskleiden, den Teig in Blechgröße ausrollen, mit einer Gabel mehrmals einstechen und in 30 Min. (Mitte, Umluft 180°) goldgelb backen.

4 Die Butter zerschmelzen lassen, mit einem Backpinsel über den Kuchen streichen. Den Kartoffelkuchen mit Zimtzucker bestreuen.

Tips: Der Kartoffelkuchen schmeckt frisch am besten, er kann aber auch aufgebacken werden. Dafür die Unterseite der Stücke leicht mit Wasser bestreichen und im Backofen erwärmen.

Wer möchte, streut Mandelblättchen, vermischt mit Zucker und 2 EL Crème fraîche auf die Oberfläche und backt sie mit.

Zutaten für 4 Personen:

- 600 g vorwiegend festkochende Kartoffeln
- 600 g Sauerkirschen (ersatzweise aus dem Glas)
- 200 g Mehl
- 100 g Speisestärke
- 1 Ei
- 50 g weiche Butter
- 80–100 g Zucker
- 1 Päckchen Vanillezucker
- Salz
- frisch geriebene Muskatnuß
- 40 g Mandelstifte
- 1 Eigelb
- evtl. 2 EL Puderzucker
- Mehl zum Ausrollen

Zubereitungszeit: 1 1/2 Std.
Pro Portion etwa:
2995 kJ / 715 kcal
14 g EW / 20 g F / 124 g KH

Für Gäste

Kartoffelstrudel mit Kirschen

1 Die Kartoffeln schälen, waschen und vierteln. In Wasser bei mittlerer Hitze zugedeckt 20 Min. gar kochen. Die gegarten Kartoffeln abgießen, gut ausdämpfen lassen und noch heiß durch die Kartoffelpresse drücken.

2 Inzwischen die Kirschen waschen und entkernen (Kirschen aus dem Glas gut abtropfen lassen).

3 Mehl und Speisestärke, Ei, Butter, 30 g Zucker, Vanillezucker, etwas Salz und Muskat zu den Kartoffeln geben und alles mit den Händen zu einem glatten Teig verarbeiten.

4 Den Backofen auf 180° vorheizen. Den Kartoffelteig auf einem bemehlten Geschirrtuch etwa 1/2 cm dünn ausrollen. Die Kirschen und Mandeln darauf verteilen und mit dem restlichen Zucker bestreuen. Mit Hilfe des Tuches den Teig längs aufrollen, dabei die Seiten einschlagen. Den Teigrand mit etwas Eigelb bestreichen und fest andrücken. Restliches Eigelb auf dem Strudel verstreichen.

5 Den Strudel im Ofen (Mitte, Umluft 160°) in 50–60 Min. goldbraun backen. Nach Belieben mit Puderzucker bestreuen und warm, lauwarm oder abgekühlt servieren.

Dazu schmeckt Vanillesauce.

Tip: Den Strudel können Sie auch mit Zwetschgen oder geschälten, gezuckerten Apfelstückchen und Rosinen füllen.

BEILAGEN UND SALATE

Zutaten für 4 Personen:

800 g kleine, vorwiegend festkochende Kartoffeln
1 TL Kümmel
2–3 EL Butterschmalz
Salz
Pfeffer
2 Bund Dill

Zubereitungszeit: 45 Min.
Pro Portion etwa:
895 kJ / 215 kcal
4 g EW / 10 g F / 28 g KH

Preiswert

Dillkartoffeln

1 Die Kartoffeln waschen, mit Wasser und Kümmel zugedeckt bei mittlerer Hitze in 25–30 Min. garen. Schälen und längs vierteln.

2 In einer Pfanne das Schmalz erhitzen, die Kartoffeln darin bei mittlerer Hitze in 15 Min. goldgelb braten. Gelegentlich durchschwenken und mit Salz und Pfeffer würzen.

3 Den Dill abbrausen, fein hacken und unter die Kartoffeln mischen.

Als Beilage zu Fischgerichten, pochierten Eiern, Eiern in Senfsauce oder Hackbraten servieren.

Tip: Die Kartoffeln können Sie gut schon am Vortag kochen.

Varianten:

Majorankartoffeln

1 kg festkochende Kartoffeln schälen, waschen und in kleine Würfel schneiden. 150 g durchwachsenen Räucherspeck klein würfeln. Kartoffeln und Speck in 3 EL Butter- oder Schweineschmalz kräftig anbraten. Mit Salz und Pfeffer würzen. Von 1 Bund frischem Majoran die Blättchen abzupfen, kleinschneiden und die Hälfte davon unter die Kartoffeln mischen. Zugedeckt 20 Min. braten. Mit 2 EL Rotweinessig ablöschen, restlichen Majoran hinzufügen und durchschwenken. Schmecken sehr gut zu gebratener Blut- oder Bratwurst.

Korianderkartoffeln

800 g festkochende Kartoffeln schälen, waschen, in Salzwasser gar kochen und abgießen. 1 EL Korianderkörner im Mörser grob zerstoßen. 60 g Butter in einer Pfanne erhitzen, Koriander darin kurz anrösten. Kartoffeln dazugeben, durchschwenken und mit 1 Bund frisch gehacktem Koriandergrün bestreuen.

Béchamelkartoffeln

Zutaten für 4 Personen:

1 kg kleine festkochende Kartoffeln (möglichst gleich groß)
1 Zwiebel
1 Lorbeerblatt
2 Gewürznelken
1 Knoblauchzehe
3/4 l Milch
250 g Sahne
60 g Butter
40 g Mehl
Salz
Pfeffer
1 Prise frisch geriebene Muskatnuß
1 Msp. Cayennepfeffer
1 EL Zitronensaft
1 Bund Schnittlauch

Zubereitungszeit: 1 Std.
Pro Portion etwa:
2400 kJ / 575 kcal
13 g EW / 35 g F / 55 g KH

Aus Frankreich

1 Die Kartoffeln waschen und in einen Topf geben. Wasser angießen und die Kartoffeln bei mittlerer Hitze zugedeckt in 25–30 Min. garen.

2 Die Zwiebel schälen und mit den Gewürznelken und dem Lorbeerblatt spicken. Den Knoblauch schälen.

3 Die Milch mit der Sahne in einen Topf füllen und erhitzen. Die Butter in einer Kasserolle schmelzen, das Mehl dazugeben und unter Rühren goldgelb andünsten. Die heiße Sahnemischung langsam dazugießen und aufkochen lassen. Dabei mit dem Schneebesen kräftig schlagen, damit keine Klümpchen entstehen.

4 Die Béchamelsauce mit Salz, Pfeffer und Muskat würzen. Den Knoblauch dazupressen. Die gespickte Zwiebel in die Sauce legen und zugedeckt bei schwacher Hitze 25–30 Min. köcheln lassen, dabei ab und zu umrühren.

5 Die Kartoffeln schälen und in Scheiben schneiden. Die Béchamelsauce durch ein Sieb in einen breiten Topf gießen.

6 Die Kartoffeln in die Sauce geben und bei schwacher Hitze 10 Min. erwärmen. Mit Salz, Pfeffer, Cayennepfeffer und Zitronensaft abschmecken.

7 Inzwischen den Schnittlauch waschen, in feine Röllchen schneiden. Vor dem Servieren unter die Kartoffeln mischen.

Tip: Zu den Béchamelkartoffeln paßt Räucherlachs in dünnen Scheiben oder gedünstetes Lachsfilet ganz besonders gut. Pro Person rechnet man 150–200 g.

Zutaten für 4–6 Personen:
1 kg festkochende Kartoffeln
2 Eier
Salz . schwarzer Pfeffer
150 ml Olivenöl · 200 g Mehl
1 Zwiebel · 2 Knoblauchzehen
1/8 l Weißwein
1 Döschen gemahlener Safran
1/4 l heißer Geflügelfond (aus dem Glas)
1 Bund Petersilie

Zubereitungszeit: 1 Std.
Bei 6 Personen pro Portion etwa: 1940 kJ / 465 kcal
9 g EW / 25 g F / 48 g KH

Für Gäste

Safrankartoffeln

1 Die Kartoffeln schälen, waschen und würfeln. Eier mit Salz und Pfeffer verquirlen. In einer großen Pfanne 1/8 l Olivenöl erhitzen. Kartoffeln erst in den Eiern, dann im Mehl wenden und in 2–3 Portionen in je 5 Min. unter Rühren im Öl goldbraun braten. Herausheben und auf Küchenpapier abtropfen lassen.

2 Zwiebel und Knoblauch schälen, fein würfeln und im übrigen Öl in einem Schmortopf glasig dünsten. Kartoffeln und Wein hinzufügen. Safran im heißen Geflügelfond auflösen, unterrühren. Salzen und pfeffern, zugedeckt bei mittlerer Hitze 15 Min. köcheln lassen.

3 Die Petersilie waschen, Blättchen fein hacken. Zum Schluß untermischen. Zu Fleisch- oder Geflügelbraten servieren.

Gegrillte Pfefferkartoffeln

1 Die Kartoffeln schälen, waschen, in 1/2 cm dicke Scheiben schneiden und auf beiden Seiten dünn mit Olivenöl bestreichen. Auf ein Blech legen.

2 In einer kleinen Schüssel 1/2 TL Salz, das Paprikapulver und den Pfeffer vermischen. Die Hälfte davon auf die Hälfte der Kartoffeln streuen. In einem zweiten Schälchen das übrige Salz mit dem Kreuzkümmel und dem Cayennepfeffer vermengen, die restlichen Kartoffeln mit der Hälfte davon bestreuen.

3 Den Grill vorheizen. Die Kartoffeln im Ofen (Mitte) 8–10 Min. grillen. Das Blech herausnehmen, die Kartoffeln wenden und mit jeweils der übrigen Gewürzmischung bestreuen. Noch 5–6 Min. bräunen.

Die Pfefferkartoffeln schmecken als Beilage zu kurzgebratenem Fleisch oder Fisch.

Tips: Wer mag, kann alle Gewürze vermischen und die Kartoffeln damit bestreuen.

Wenn Sie einen Ofen ohne Grillschlangen haben, die Kartoffelscheiben im heißen Ofen bei 250° (Mitte, Umluft 220°) in 20–25 Min. unter Wenden bräunen

Zutaten für 2–3 Personen:
500 g mittelgroße festkochende Kartoffeln
4 EL Olivenöl
1 TL Salz
1/2 TL Paprika, edelsüß
1/4 TL schwarzer Pfeffer
1/2 TL gemahlener Kreuzkümmel
1/2 TL Cayennepfeffer

Zubereitungszeit: 30 Min.
Bei 3 Personen pro Portion etwa: 755 kJ / 180 kcal
3 g EW / 10 g F / 21 g KH

Schnell

Zutaten für 4 Personen:
800 g kleine festkochende Kartoffeln
80 g feines Meersalz
Für die Sauce:
2 getrocknete Chilischoten
2 Knoblauchzehen
2 TL Paprika, edelsüß
1/2 TL gemahlener Kreuzkümmel
1/2 TL Salz
4 EL Rotweinessig
6 EL feines Öl

Zubereitungszeit: 35 Min.
Pro Portion etwa:
975 kJ / 235 kcal
4 g EW / 11 g F / 31 g KH

Preiswert

Kanarische Salzkartoffeln mit roter Mojo

1 Die Kartoffeln gründlich waschen und in einen breiten Topf geben. So viel Wasser angießen, daß die Kartoffeln zur Hälfte darin liegen. Mit dem Meersalz bestreuen und aufkochen lassen. Zugedeckt bei mittlerer Hitze 15 Min. garen, dabei den Topf mehrmals rütteln. Den Deckel abnehmen und das übrige Wasser bei starker Hitze in weiteren 10 Min. verdampfen lassen.

2 Inzwischen für die Sauce die Chilischoten vom Stiel und den Kernen befreien und kleinschneiden. Die Knoblauchzehen schälen, grob zerteilen und hinzufügen. Mit dem Paprika, Kreuzkümmel, Salz und Essig im Mörser fein zerstoßen oder im Mixer pürieren. Das Öl nach und nach dazugeben und alles gut vermischen.

3 Die Kartoffeln im trockenen Topf offen noch 5 Min. unter Rühren rundherum anrösten, bis sich die Schale runzelt und die Kartoffeln von einer leichten Salzkruste überzogen sind.

4 Die Kartoffeln in einer vorgewärmten Schüssel anrichten. Jeder schält sich bei Tisch die Kartoffeln selbst oder ißt sie mit Schale und gibt etwas von der roten Mojosauce darüber. Zu kurzgebratenem Fleisch oder gegrilltem Fisch servieren oder als vegetarischen Imbiß zum Bier reichen.

Das besondere Rezept!

Tolle Vorspeise oder auch komplettes Hauptgericht, wenn Sie die Zutaten fast verdoppeln. Die pikante Sauce können Sie wunderbar vorbereiten, sie hält sich in einem gut verschlossenen Glas sogar bis zu 2 Monaten. Sie läßt sich also auch für den Vorrat in einer größeren Menge zubereiten. Dann jeweils die gewünschte Menge entnehmen und eventuell noch mit etwas Öl verrühren. Wenn Sie Gäste mit dem pikanten Kartoffelgericht bewirten möchten, servieren Sie es als Vorspeise, beispielsweise vor einem würzigen Lamm- oder Schweinebraten oder aber nach einer spanischen Vorspeise – wie Garnelen in Knoblauchöl oder fritierten Sardellen.

Bratkartoffeln

Zutaten für 4 Personen:

600 g festkochende Kartoffeln
3 EL Butterschmalz
Salz

Zubereitungszeit: 1 Std.
(+ Ruhezeit über Nacht)
Pro Portion etwa:
745 kJ / 180 kcal
2 g EW / 10 g F / 20 g KH

Läßt sich gut vorbereiten

1 Die Kartoffeln am Vortag waschen und in der Schale mit Wasser zugedeckt in 20–25 Min. knapp weich garen. Die Kartoffeln abgießen, erkalten lassen und kühl, jedoch nicht im Kühlschrank, bis zum nächsten Tag ruhen lassen.

2 Dann die Kartoffeln schälen und in 2 mm dicke Scheiben schneiden. Das Schmalz in einer großen Bratpfanne erhitzen. Die Kartoffelscheiben möglichst nebeneinander hineingeben, damit alle anbraten können.

3 Die Kartoffeln bei mittlerer Hitze 5 Min. braten, dann wenden und ebenfalls anbraten. Sobald die Kartoffeln gleichmäßig braun sind, die Hitze reduzieren und die Kartoffeln 10–15 Min. weiterbraten. Dabei immer wieder wenden und 5 Min. vor Ende der Bratzeit mit etwas Salz bestreuen.

Tips:
Dieses einfache Grundrezept läßt sich vielfältig abwandeln:

- Nach einem Drittel der Garzeit Zwiebelringe hinzufügen und mitbraten.
- Zum Schluß mit Kräutern bestreuen.
- Nach der Hälfte der Garzeit 200 g kleine geviertelte Champignons und etwas durchgepreßten Knoblauch dazugeben.
- Kleine Speck- oder Schinkenwürfel mitbraten.
- Die Kartoffeln in Gänseschmalz braten und zum Schluß gehackte schwarze Trüffel dazugeben.

Bei Bratkartoffeln spielt die Qualität der Kartoffeln eine entscheidende Rolle. Nur das Beste ist gut genug! Die Kartoffeln sollen festkochend und frisch, also nicht weich oder gar schrumpelig sein, damit sie schön knusprig werden.

Auch das Fett ist für den guten Geschmack entscheidend. Butterschmalz paßt besonders gut und ist neutral im Geschmack. Gänseschmalz ist empfehlenswert für Kartoffelbeilagen, die mit Knoblauch oder Trüffel aromatisiert werden.

Provenzalische Kartoffeln

1 Die Kartoffeln schälen, waschen, in Stäbchen oder Würfel schneiden. Gut abtrocknen.

2 Olivenöl in einer großen Pfanne erhitzen. Die Kartoffeln darin unter Wenden bei mittlerer Hitze leicht anbraten. Zitronenschale, Salz und Pfeffer hinzufügen und die Kartoffeln bei schwacher Hitze unter Wenden 10 Min. weiterbraten.

3 Inzwischen Knoblauch schälen und durchpressen. Frühlingszwiebeln waschen, putzen und der Länge nach in Streifen schneiden. Eventuell halbieren. Mit der Petersilie zu den Kartoffeln geben und weitere 5 Min. braten, bis die Kartoffeln gar sind. Mit Muskatnuß und Zitronensaft abschmecken.

Zutaten für 4 Personen:

600 g vorwiegend festkochende Kartoffeln
3–6 EL Olivenöl
abgeriebene Schale und Saft von 1/2 unbehandelten Zitrone
Salz · Pfeffer
2 Knoblauchzehen
2 Frühlingszwiebeln
2 EL frisch gehackte Petersilie
frisch geriebene Muskatnuß

Zubereitungszeit: 35 Min.
Pro Portion etwa:
830 kJ / 200 kcal
3 g EW / 11 g F / 23 g KH

Für Gäste

Zutaten für 4 Personen:

600 g neue Kartoffeln
Salz · Pfeffer
frisch geriebene Muskatnuß
3 EL Butterschmalz
1 EL frisch gehackte Rosmarinnadeln

Zubereitungszeit: 45 Min.
Pro Portion etwa:
725 kJ / 175 kcal
2 g EW / 10 g F / 19 g KH

Gelingt leicht

Rosmarinkartoffeln

1 Kartoffeln schälen, waschen und in dünne Scheiben schneiden. Gut abtrocknen. Mit wenig Salz, Pfeffer und Muskat mischen.

2 Die Hälfte des Schmalzes erhitzen, die Kartoffeln hineingeben, gut wenden, dann mit dem Rosmarin mischen und mit der Bratschaufel zu einem Kuchen formen. Das restliche Schmalz in Flocken darüber verteilen.

3 Die Kartoffeln bei mittlerer Hitze 5 Min. anbraten, dann die Hitze reduzieren und zugedeckt weitere 30 Min. garen, bis die Kartoffeln weich sind. Nicht umrühren! Zum Servieren auf eine Platte stürzen.

Jägerkartoffeln

1 Die Kartoffeln waschen, abbürsten und die dünne Haut leicht schaben. 1 Min. in kochendem Salzwasser blanchieren, dann kalt abschrecken, trockentupfen.

2 Das Schmalz in einer großen Bratpfanne erhitzen. Die Kartoffeln dazugeben und unter öfterem Schütteln bei mittlerer Hitze 15 Min. braten.

3 Perlzwiebelchen schälen. Die Pilze putzen und vierteln. Beides kurz mit den Kartoffeln anbraten. Bei schwacher Hitze weitere 15 Min. dünsten, bis die Kartoffeln weich sind. Dabei ab und zu etwas Brühe hinzufügen. Kartoffeln mit Salz, Pfeffer, Thymian und Petersilie würzen.

Zutaten für 4 Personen:

600 g neue kleine Kartoffeln
Salz
3 EL Butterschmalz
150 g Perlzwiebeln
150 g Champignons
4 EL Gemüsebrühe
Pfeffer
1/2 TL Thymianblättchen
2 EL frisch gehackte Petersilie

Zubereitungszeit: 50 Min.
Pro Portion etwa:
975 kJ / 210 kcal
4 g EW / 11 g F / 26 g KH

Für Gäste

Zutaten für 4 Personen:

600 g mehligkochende Kartoffeln
Salz
1 gehäufter EL Speisestärke
3 Eigelbe
1 1/2 EL weiche Butter
4 EL Sahne
frisch geriebene Muskatnuß
weißer Pfeffer
je 2 EL geschmacksneutrales Öl und Butter
Mehl für die Arbeitsfläche

Zubereitungszeit: 1 Std.
Pro Portion etwa:
1205 kJ / 290 kcal
5 g EW / 21 g F / 20 g KH

Vegetarisch

Kartoffelplätzchen

1 Die Kartoffeln schälen, waschen und in Viertel schneiden. In Salzwasser zugedeckt 20 Min. kochen. Das Kochwasser abgießen, die Kartoffeln ausdämpfen lassen, bis sie mehligtrocken sind. Durch die Kartoffelpresse in eine Schüssel drücken.

2 Die Speisestärke darüber streuen. Eigelbe, Butter, Sahne, etwas Muskat und Pfeffer hinzufügen, alles gut vermengen.

3 Die Arbeitsfläche mit Mehl bestreuen, den Kartoffelteig zu einer Rolle formen und in 2 cm dicke Scheiben schneiden.

4 Öl und Butter in einer großen Pfanne erhitzen, die Plätzchen hineinlegen und bei mittlerer Hitze auf jeder Seite in 3–4 Min. goldgelb braten.

Tips: Kartoffelplätzchen mit Salat sind eine vollständige Hauptmahlzeit. Sie schmecken als Beilage aber auch ausgezeichnet zu Kalbs- und Geflügelfrikassée, Braten- oder Wildgerichten.

Besonders zart werden die Plätzchen, wenn Sie das Eiweiß steif schlagen und unter den Teig heben.

Mischen Sie zur Abwechlung einmal gehackte Nüsse, frische Kräuter, kleingewürfelten Schinken oder geraspelten Käse unter den Teig.

Variante: Kartoffelhörnchen

500 g mehligkochende Kartoffeln schälen, waschen, kochen, sofort durch die Presse in einen Topf drücken. Mit 75 g Butter, 3 Eigelben, 50 g Speisestärke, Salz und Muskat mischen. Bei ganz schwacher Hitze so lange rühren, bis sich die Masse vom Topfboden löst. Auf einer bemehlten Arbeitsfläche zu einer Rolle von 3 cm Durchmesser formen und in etwa 10 cm lange Stücke schneiden. Daraus kleine Hörnchen biegen, mit etwas Eigelb bestreichen und im vorgeheizten Backofen bei 180° (Umluft 160°) in 25–30 Min. goldgelb backen.

Kräuterkartoffeln vom Blech

Zutaten für 4–6 Personen:

200 ml Olivenöl
1,2 kg kleine festkochende Kartoffeln
Salz
schwarzer Pfeffer
6 Knoblauchzehen
je 1/2 Bund Oregano und Thymian
200 g kleine schwarze Oliven

Zubereitungszeit: 1 Std.
Bei 6 Personen pro Portion etwa:
1760 kJ / 420 kcal
3 g EW / 34 g F / 28 g KH

Gelingt leicht

1 Den Backofen auf 200° vorheizen. Ein Backblech mit 2 EL Olivenöl einpinseln.

2 Die Kartoffeln schälen, waschen und je nach Größe halbieren oder vierteln. Auf dem eingeölten Backblech verteilen, mit Salz und Pfeffer kräftig würzen.

3 Den Knoblauch schälen. Die Knoblauchzehen in dünne Scheiben schneiden und auf den Kartoffeln verteilen. Kräuter abbrausen, trockentupfen und die Blättchen fein hacken. Über die Kartoffeln geben. Die schwarzen Oliven zwischen die Kartoffeln streuen.

4 Das restliche Olivenöl gleichmäßig darauf träufeln. Das Blech mit Pergamentpapier oder Alufolie abdecken, in den Ofen (Mitte, Umluft 180°) schieben und die Kartoffeln 30 Min. garen. Dann ohne Papier oder Folie in weiteren 20 Min. fertig garen.

Variante:
Käsekartoffeln

Dafür die Kartoffeln zugedeckt 30 Min. garen. Inzwischen 300 g Crème fraîche mit 100 g geriebenem Käse (Emmentaler, Comté) mischen, auf den Kartoffeln verteilen und weitere 20 Min. garen.

Die Kräuterkartoffeln passen besonders gut zu Lammkoteletts oder geschmortem Lammrücken.

Kartoffelpüree mit Schnittlauch

Zutaten für 4 Personen:

1 kg mehligkochende Kartoffeln
Salz
1/8 l Milch
75 g Sahne
30 g Butter
1 Bund Schnittlauch
schwarzer Pfeffer
frisch geriebene Muskatnuß

Zubereitungszeit: 35 Min.
Pro Portion etwa:
1335 kJ / 320 kcal
7 g EW / 15 g F / 41 g KH

Gelingt leicht

1 Die Kartoffeln schälen, waschen, vierteln und in gesalzenem Wasser zugedeckt in 15–20 Min. gar kochen.

2 Inzwischen Milch, Sahne und Butter in einem Topf erhitzen. Den Schnittlauch waschen, trockenschwenken und in Röllchen schneiden.

3 Die Kartoffeln abgießen und 3 Min. ausdämpfen lassen, dann sofort durch die Kartoffelpresse drücken oder mit dem Kartoffelstampfer zerkleinern.

4 Die heiße Milchmischung nach und nach unter die Kartoffeln rühren, am besten mit dem Schneebesen oder Kochlöffel. Mit Salz, Pfeffer und Muskat würzen und zwei Drittel des Schnittlauchs unterheben. Das Püree mit dem restlichen Schnittlauch bestreut anrichten.

Zu gebratenem Fischfilet, z.B. Lachs, Kabeljau oder Viktoriabarsch, servieren.

Tips: Nach dem Kochen nicht zu lange warten, sonst wird das Püree durch die Kartoffelstärke zäh und klebrig. Deshalb sollten Sie auch nicht mit der Küchenmaschine oder mit dem Pürierstab arbeiten oder die Kartoffeln durch ein feines Sieb streichen – dabei wird viel Stärke aus den Kartoffeln getrieben und es entsteht ein schleimiger, leicht pappiger Brei. Ein perfektes Püree aber ist nur dann gelungen, wenn es schön weiß, glatt und locker wie Schnee ist.

Sie können auch den gesamten Schnittlauch auf das Püree streuen und keinen untermischen.

Endivien-Kartoffel-Püree

1 Kartoffeln schälen, waschen, vierteln und in Salzwasser in 15–20 Min. gar kochen.

2 Salat waschen, putzen und in sehr feine Streifen schneiden. Den Bacon klein würfeln, bei mittlerer Hitze kroß braten, ein Drittel davon herausnehmen. Die Salatstreifen zum Speck geben und in 1 Min. zusammenfallen lassen.

3 Milch und Butter aufkochen lassen. Kartoffeln abgießen, ausdämpfen lassen und zerdrücken, die Milch unterschlagen. Die Endivien-Speck-Mischung unterheben. Mit Salz und Pfeffer würzen. Püree nochmal kurz erhitzen. Mit dem übrigen Bacon bestreut servieren.

Zu wachsweichen oder pochierten Eiern servieren.

Zutaten für 4 Personen:

600 g mehligkochende Kartoffeln
Salz
250 g Endiviensalat
250 g Bacon (Frühstücksspeck)
200 ml Milch
2 TL Butter
schwarzer Pfeffer

Zubereitungszeit: 35 Min.
Pro Portion etwa:
2095 kJ / 500 kcal
24 g EW / 35 g F / 24 g KH

Aus Holland

Zutaten für 4 Personen:

750 g mehligkochende Kartoffeln
Salz
1 große rote Paprikaschote (etwa 250 g)
2 Knoblauchzehen
1/2 TL gemahlener Kreuzkümmel
1/2 TL Paprika, edelsüß
1 TL Essig
100 ml Olivenöl

Zubereitungszeit: 35 Min.
Pro Portion etwa:
1365 kJ / 325 kcal
3 g EW / 23 g F / 28 g KH

Schnell

Rotes Paprika-Kartoffel-Püree

1 Kartoffeln schälen, waschen, vierteln und in Salzwasser 15–20 Min. garen.

2 Paprikaschote waschen, halbieren und putzen. Unter dem vorgeheizten Grill oder im Backofen auf höchster Stufe 8–10 Min. braten. Etwas abgekühlt häuten und kleinschneiden. Knoblauch schälen und hacken, mit Kreuzkümmel, Paprikapulver, 1 TL Salz, Essig und Olivenöl zur Paprika geben, alles fein pürieren.

3 Die Kartoffeln abgießen, kurz ausdämpfen lassen, dann sofort zerdrücken. Die Paprikamischung hinzufügen und alles gut vermischen. Zu Fleisch oder Geflügel servieren oder kalt aufs Brot streichen.

Würziges Kartoffelpüree

1 Kartoffeln in der Schale in Salzwasser in 25–30 Min. kochen, schälen, zerdrücken.

2 Inzwischen Zwiebel und Chilischote putzen und fein würfeln. Tomate waschen, vierteln, entkernen und klein würfeln.

3 Die Senfkörner im heißen Schmalz anrösten. Zwiebel und Chilischote 3 Min. mitdünsten. Kurkuma, Garam masala und 1 TL Salz einrühren und kurz anschwitzen. Mit dem Zitronensaft und 1/8 l Wasser ablöschen, 3 Min. offen köcheln lassen. Püree und Tomatenwürfel dazugeben und alles gut vermischen. Heiß werden lassen. Mit gehackter Minze bestreut servieren. Zu Geflügel oder Fisch servieren.

Zutaten für 4 Personen:

1 kg mehligkochende Kartoffeln
Salz · 1 Zwiebel
1 rote Chilischote
1 Fleischtomate
1 TL schwarze Senfkörner
2 EL Butterschmalz
1 TL Kurkuma
2 TL Garam masala (Gewürzmischung; Asienladen)
2 EL Zitronensaft
3 Zweige frisch gehackte Minze

Zubereitungszeit: 45 Min.
Pro Portion etwa:
975 kJ / 235 kcal
5 g EW / 7 g F / 39 g KH

Aus Indien

Zutaten für 4 Personen:

1 kg große, vorwiegend festkochende Kartoffeln
etwa 1 l Erdnußöl für die Friteuse
feines Salz
eventuell Ketchup zum Servieren

Zubereitungszeit: 45 Min.
Pro Portion etwa:
1205 kJ / 290 kcal
4 g EW / 17 g F / 31 g KH

Für Gäste

Pommes frites

1 Die Kartoffeln schälen und in gleichmäßige Stäbchen von 6–8 cm Länge schneiden, danach waschen und in einem Tuch gut abtrocknen.

2 Das Öl in der Friteuse auf etwa 165° erhitzen. Oder im Fritiertopf so lange erhitzen, bis an einem hölzernen Kochlöffelstiel, den Sie ins Fett tauchen, Bläschen aufsteigen.

3 Die Kartoffelstäbchen portionsweise ins Fett geben und 4–5 Min. garen, bis sie weich sind. Sie sollen dabei keine Farbe annehmen. Bei starkem Aufbrausen des Öls den Fritierkorb kurz herausheben.

4 Die Pommes frites herausnehmen, die Temperatur auf 190° erhöhen und die Kartoffeln im Öl nochmals portionsweise in 2 Min. knusprig werden lassen.

5 Die Pommes frites gut abtropfen lassen, auf saugfähigem Papier etwas entfetten und mit feinem Salz bestreuen. Sofort servieren. Eventuell Ketchup dazu reichen.

Tips: Perfekt gegarte Pommes frites sind innen weich und außen knusprig. Das erreicht man nur durch doppeltes Fritieren bei der richtigen Öltemperatur.

Das erste Fritieren der Pommes frites können Sie schon einige Zeit vor dem Essen erledigen, damit die Kartoffeln im letzten Moment nur noch knusprig gebacken werden müssen.

Formvarianten:

- Für Kartoffelspiralen rohe, gleichmäßig große Kartoffeln mit einem Rettichmesser spiralförmig schneiden, die Enden ineinanderschlingen.
- Für Pommes Chips die Kartoffeln mit einem Gurkenhobel in feine Scheiben schneiden.
- Für Strohkartoffeln bzw. Kartoffelwaffeln mit einem Gemüseschneider die Kartoffeln in Späne schneiden. Oder mit einem gerippten Spezialhobel zu Waffeln schneiden.

Alle diese Varianten 2 1/2 Min. vorfritieren und in 1 Min. bei 180° fertig fritieren.

Zutaten für 4 Personen:

1 kg mehligkochende Kartoffeln
Salz
2 EL Butter
3 Eigelbe (von großen Eiern)
1–2 EL Mehl
Pfeffer
frisch geriebene Muskatnuß
1 l Erdnußöl zum Fritieren

Zubereitungszeit: 1 Std.
Pro Portion etwa:
1660 kJ / 400 kcal
6 g EW / 27 g F / 34 g KH

Läßt sich gut vorbereiten

Kroketten nach Großmutterart

1 Die Kartoffeln schälen, waschen und in Stücke schneiden. Dann in Salzwasser in 20 Min. weich kochen. Abgießen, nochmals in den Topf geben und etwas ausdämpfen lassen.

2 Kartoffeln noch warm durch die Kartoffelpresse drücken und sofort mit der Butter, den Eigelben, dem Mehl, Salz, Pfeffer und Muskat verkneten. Die Masse muß gut zusammenhalten. Sollte der Teig zu naß oder zu trocken sein, entweder mit Eigelb oder Mehl korrigieren.

3 Aus der Masse längliche oder ovale Kroketten formen. Das Öl auf 170° erhitzen oder so lange, bis an einem hölzernen Kochlöffelstiel, den man ins Fett taucht, Bläschen aufsteigen. Die Kroketten im Öl je nach Größe 3–4 Min. portionsweise fritieren.

Tips: Um die genaue Garzeit herauszufinden, einige Probekroketten formen und vorfritieren.

Die Krokettenmasse können Sie mit etwas gehacktem Schinken, Trüffeln oder Kräutern verfeinern.

Ebenfalls köstlich: Die Kroketten vor dem Fritieren panieren.

Variante:
Kartoffelküchlein

1 kg Kartoffeln kochen und fein zerdrücken. Mit 200 ml Milch, 1 EL Butter, 2 Eigelben, etwa 3 EL Mehl, 1 feingehackten Zwiebel, 50 g geriebenem Parmesan, Salz und Pfeffer zu einem Teig verarbeiten. 2 steifgeschlagene Eiweiße und 1/2 TL Backpulver unter die Masse ziehen. Mit einem Eßlöffel Küchlein abstechen und 3–4 Min. bei 180° fritieren. Gut abtropfen lassen und sofort servieren.

Zutaten für 4 Personen:

1 kg festkochende Kartoffeln
2 Frühlingszwiebeln
1 Knoblauchzehe
100 g Emmentaler
50 g Parmesan
50 g Butter
Salz
Pfeffer
frisch geriebene Muskatnuß
1/4 l Milch
125 g Sahne
2 Eier

Zubereitungszeit: 1 1/4 Std.
Pro Portion etwa:
2265 kJ / 540 kcal
22 g EW / 33 g F / 41 g KH

Für Gäste

Kartoffelgratin

1 Die Kartoffeln schälen, waschen und in dünne Scheiben schneiden. Die Frühlingszwiebeln putzen, gründlich waschen. Weiße und grüne Teile getrennt kleinschneiden. Den Knoblauch schälen und hacken. Beide Käsesorten getrennt reiben. Den Backofen auf 180° vorheizen.

2 In einer feuerfesten Form 2 EL Butter zerlassen, den weißen Teil der Frühlingszwiebeln darin andünsten. Die Hälfte der Kartoffelscheiben dachziegelartig darauf verteilen. Mit Salz, Pfeffer und Muskat würzen. Das Grün der Frühlingszwiebeln, den Knoblauch und den Emmentaler darüber verteilen. Die restlichen Kartoffelscheiben einlegen und mit Salz, Pfeffer und Muskat würzen.

3 Den Parmesan über das Gratin streuen und mit der restlichen Butter in kleinen Flöckchen dicht belegen. Milch und Sahne mit den Eiern verquirlen. Die Mischung etwas würzen und seitlich angießen.

4 Das Gratin im Ofen (Mitte, Umluft 160°) 1 Std. backen, dabei die Oberfläche in den ersten 20 Min. mit Alufolie abdecken.

Varianten:

Zucchini-Gratin

400 g geschälte Kartoffeln und 600 g Zucchini in etwa 2 mm dicke Scheiben schneiden. 1 Zwiebel und 2 Knoblauchzehen schälen, fein würfeln und in 2 EL Butter andünsten. Mit gut 1/4 l heißer gewürzter Fleischbrühe kurz köcheln lassen. In die Gratinform abwechselnd Kartoffel- und Zucchinischeiben schichten, jeweils mit Salz, Pfeffer und 1 TL Thymian würzen. Brühe angießen. Mit 100 g geriebenem Greyerzer bestreuen, mit Butterflöckchen belegen und backen.

Kartoffel-Apfel-Gratin

800 g festkochende Kartoffeln und 2–3 säuerliche Äpfel (Boskop) schälen, in dünne Scheiben schneiden. In eine gebutterte Gratinform abwechselnd Kartoffel- und Apfelscheiben schichten. Jeweils mit Salz, Pfeffer und etwa 8 gehackten Salbeiblättern würzen. 100 g Sahne mit 80 ml Olivenöl mischen, über das Gratin gießen und wie beschrieben backen.

Karamelisierte Kartoffeln

Zutaten für 4 Personen:

1 kg kleine festkochende Kartoffeln
Salz
500 g säuerliche Äpfel (z. B. Boskop)
1 EL Zitronensaft
50 g Zucker
60 g Butter
schwarzer Pfeffer
2 TL frisch gehackter Majoran
(oder 1 TL getrockneter Majoran)

Zubereitungszeit: 50 Min.
Pro Portion etwa:
1505 kJ / 360 kcal
4 g EW / 13 g F / 61 g KH

Aus Skandinavien

1 Die Kartoffeln waschen und in der Schale in Salzwasser in 20–30 Min. gar kochen, dann abgießen und schälen.

2 Inzwischen die Äpfel schälen, vierteln, vom Kerngehäuse befreien und in dicke Scheiben schneiden. Sofort mit dem Zitronensaft beträufeln.

3 Den Zucker in die Mitte einer großen beschichteten Pfanne häufen, bei mittlerer Hitze erwärmen, bis die Ränder anfangen zu bräunen. Dann mit dem Rühren beginnen und den Zucker goldbraun karamelisieren lassen.

4 Gleichzeitig die Butter in einem kleinen Topf schmelzen lassen, zum Zucker in die Pfanne rühren. Die Kartoffeln hinzufügen und in 7 Min. bei schwacher Hitze wenden, bis sie rundherum glänzen. Mit Salz und Pfeffer würzen.

5 Die Äpfel in die Pfanne geben, 5 Min. mitdünsten, dabei gelegentlich wenden. Mit Majoran würzen.

Tips: Diese skandinavische Spezialität schmeckt als Beilage zu gebratener Entenbrust oder Gänsebraten, aber auch zu einem Schweinebraten.

Statt nur mit Kartoffeln können Sie das Gericht auch aus einer Mischung aus Kartoffeln und Möhren oder weißen Rüben (Navets) zubereiten. Die rohen Rüben im heißen Fett unter Wenden 5 Min. andünsten, dann den Zucker darüber streuen. Die Kartoffeln untermischen und alles unter Rühren goldgelb karamelisieren lassen.

Thüringer Klöße

Zutaten für 12–14 Klöße:

3 kg große mehligkochende Kartoffeln
2 Brötchen vom Vortag
2 EL Butter
Salz

Zubereitungszeit: 1 1/2 Std.
Bei 14 Klößen pro Kloß etwa:
600 kJ / 145 kcal
3 g EW / 2 g F / 29 g KH

Preiswert

1 Die Kartoffeln schälen, waschen und in kaltes Wasser legen. Etwa 1 kg abwiegen, in Stücke schneiden und ohne Salz von Wasser bedeckt in 30 Min. zu einem suppigen Brei kochen.

2 In der Zwischenzeit die restlichen Kartoffeln reiben (der Kenner reibt sie von Hand!). Die Masse nach und nach durch einen Kloßsack oder ein Tuch fest auspressen bzw. auswringen. Das dabei austretende Wasser auffangen und zur Seite stellen. Die ausgepreßte Kartoffelmasse in eine große Schüssel geben.

3 Die Brötchen in kleine Würfel schneiden. Die Butter in einer Pfanne erhitzen und die Brötchenwürfel darin bei mittlerer Hitze knusprig braun anrösten. In einem großen Topf (Klöße wollen schwimmen und brauchen viel Platz) reichlich Salzwasser zum Kochen bringen.

4 Die rohe trockene Kartoffelmasse etwas zerpflücken und auflockern. Hat sich die Stärke von dem Kartoffelwasser abgesetzt, das Wasser abgießen und die Stärke zur Kartoffelmasse geben.

5 Die heiße gekochte Kartoffelmasse durch ein Sieb direkt zur rohen Masse streichen und alles mit einem Holzlöffel gut vermischen. Den Kloßteig kräftig mit Salz abschmecken und nochmals gut durchkneten. Der Teig soll zähgeschmeidig sein, eine gute Bindung haben und sich vom Schüsselrand lösen.

6 Mit angefeuchteten Händen Klöße von 6–7 cm Durchmesser formen und in die Mitte jeweils 4–5 Brötchenwürfel legen. Den Kloßteig darüber gut zusammendrücken. Die Klöße in das kochende Wasser legen. Sobald das Wasser wieder aufwallt, die Hitze reduzieren und die Klöße 25 Min. ziehen lassen (sie dürfen niemals kochen!).

7 Wenn alle Klöße oben schwimmen, zunächst nur einen herausheben, mit zwei Gabeln locker zerreißen und die Garprobe machen. Die fertigen Klöße in eine vorgewärmte Schüssel heben.

Als Beilage zu Gänsebraten, Bratengerichten mit kräftigen Saucen, Rouladen, Wild- oder Kaninchenbraten reichen.

Tips: Die Klöße können Sie auch aus 2 kg rohen und 700 g gekochten Pellkartoffeln zubereiten. Dafür die rohen Kartoffeln reiben, auspressen und die Stärke auffangen. Die gekochten, geschälten Kartoffeln ebenfalls reiben. Brötchenwürfel anrösten. Die rohe Kartoffelmasse zerpflücken, die Stärke hinzufügen und mit 1 Tasse kochendem Wasser überbrühen. Mit den gekochten Kartoffeln durcharbeiten, salzen und mit feuchten Händen zu Klößen formen.

Kochen Sie am besten zuerst einen Probekloß. Erscheint er zu hart, noch etwas Wasser an den Teig geben. Ist er zu weich und zerfällt, muß zur Bindung etwas Speisestärke, Mehl oder Grieß eingearbeitet werden.

Bleiben Klöße übrig, am nächsten Tag in kaltes Wasser legen und bis zum Siedepunkt erhitzen. Nicht mehr kochen lassen! Sie können auch (auf Vorrat gekocht) eingefroren und dann, wie vorher angegeben, erhitzt werden.

Oder Sie schneiden die Klöße in Scheiben und braten sie in etwas Butter knusprig braun. Nach Belieben mit 1–2 verrührten Eiern begießen und diese stocken lassen. Dazu schmeckt Salat.

Die geriebene rohe Kloßmasse kräftig in einem Tuch auswringen. Das Wasser in einer zweiten Schüssel auffangen.

Die zerkochten Kartoffeln werden als dünner, heißer Kartoffelbrei gründlich unter die rohe Masse gerührt.

Mit nassen Händen zunächst kleine Nestchen formen und in die Höhlung die Brötchenwürfel drücken. Dann in den gewölbten Händen so lange rollen, bis der Kloß rund ist.

Zutaten für 4 Personen:
800 g gegarte Pellkartoffeln
1 Zwiebel · 50 ml Weißweinessig
1 TL Zucker · Salz
200 g Salatmayonnaise
je 1 TL abgeriebene Schale und Saft von 1/2 unbehandelten Zitrone
100 g Joghurt · Pfeffer
400 g Salatgurke
3 Frühlingszwiebeln

Zubereitungszeit: 30 Min.
(+ 2 Std. Marinierzeit)
Pro Portion etwa:
1420 kJ / 340 kcal
7 g EW / 15 g F / 47 g KH

Läßt sich gut vorbereiten

Kartoffel-Gurken-Salat

1 Die Kartoffeln schälen und in Scheiben schneiden. Zwiebel schälen, klein würfeln und mit 1/8 l Wasser, Essig, 1/2 TL Zucker und Salz einmal aufkochen lassen. Über die Kartoffeln gießen und 1 Std. durchziehen lassen.

2 Mayonnaise, Zitronenschale, Zitronensaft und Joghurt verrühren, mit Zucker, Salz und Pfeffer würzen. Die Gurke gründlich waschen, mit der Schale längs halbieren, entkernen und dünn schneiden. Die Frühlingszwiebeln gründlich waschen, putzen und schräg in feine Ringe schneiden.

3 Die Gurke und zwei Drittel der Zwiebelringe mit Kartoffeln und Mayonnaise gründlich vermischen, 1 Std. kalt stellen. Mit den übrigen Frühlingszwiebeln bestreut servieren.

Klassischer Kartoffelsalat

1 Die Kartoffeln waschen, in einen Topf geben und Wasser angießen. Den Kümmel dazugeben, die Kartoffeln bei mittlerer Hitze zugedeckt in 25–30 Min. garen.

2 Inzwischen die Zwiebeln schälen und in sehr kleine Würfel schneiden. Die Kartoffeln schälen und über einer Schüssel in dünne Scheiben schneiden. Die Zwiebeln dazugeben. Die Fleischbrühe mit der Hälfte des Essigs aufkochen und heiß über die Kartoffeln gießen, mit Salz und Pfeffer würzen. Vorsichtig mischen und 30 Min. durchziehen lassen.

3 Inzwischen den Schnittlauch waschen, trockentupfen und in feine Röllchen schneiden. Den restlichen Essig mit dem Sonnenblumenöl mit einem Schneebesen gut durchschlagen, bis eine cremige Sauce entstanden ist. Falls nötig, noch etwas Öl dazugeben.

4 Die Hälfte des Schnittlauchs in die Sauce geben und mit Salz und Pfeffer würzen. Die Sauce über den Kartoffelsalat gießen, durchmischen und abschmecken, nach Belieben noch nachwürzen. Mit den restlichen Schnittlauchröllchen bestreuen.

Zutaten für 4 Personen:
1 kg kleine festkochende Kartoffeln (möglichst gleich groß)
1 TL Kümmelkörner
2 mittelgroße Zwiebeln
200 ml Fleischbrühe (selbstgemacht oder Instant)
100 ml Essig
Salz
Pfeffer
2 Bund Schnittlauch
100 ml Sonnenblumenöl

Zubereitungszeit: 45 Min.
(+ 30 Min. Ruhezeit)
Pro Portion etwa:
1625 kJ / 390 kcal
7 g EW / 24 g F / 39 g KH

Preiswert

Deftiger Kartoffelsalat mit Radieschen

Zutaten für 4 Personen:
1 kg kleine festkochende Kartoffeln (möglichst gleich groß)
150 g durchwachsener Räucherspeck in dickeren Scheiben
1 große Zwiebel
1/4 l Gemüsebrühe, selbstgemacht oder Instant
6 EL Weißweinessig
Salz
Pfeffer
1 großes oder 2 kleine Bund Radieschen
2 Frühlingszwiebeln
4 EL Öl
1 TL Weißwurstsenf

Zubereitungszeit: 1 Std.
Pro Portion etwa:
2170 kJ / 520 kcal
19 g EW / 28 g F / 52 g KH

Preiswert

1 Die Kartoffeln waschen, in einen Topf geben und Wasser angießen. Zugedeckt in 25–30 Min. garen.

2 Den Speck ohne Schwarte in kleine Würfel schneiden. In einer trockenen, beschichteten Pfanne bei schwacher Hitze ausbraten. Inzwischen die Zwiebel schälen, in kleine Würfel schneiden. Dazugeben und weich dünsten.

3 Die Kartoffeln schälen und über einer Schüssel in Scheiben schneiden. Die Gemüsebrühe mit der Hälfte des Essigs aufkochen und heiß über die Kartoffeln gießen, mit Salz und Pfeffer würzen. Die heiße Speck-Zwiebelmischung dazugeben, vorsichtig mischen und 30 Min. durchziehen lassen.

4 Inzwischen die Radieschen putzen, waschen, trockentupfen und in Achtel schneiden. Die Frühlingszwiebeln putzen, waschen und in feine Ringe schneiden. Den restlichen Essig mit dem Öl und dem Weißwurstsenf mit einem Schneebesen gut durchschlagen, bis eine cremige Sauce entstanden ist. Falls nötig, noch etwas Öl dazugeben.

5 Die Sauce über den Kartoffelsalat gießen, die Radieschen und die Frühlingszwiebeln dazugeben. Den Salat durchmischen und abschmecken, nach Belieben nachwürzen.

Tip: Dieser Salat paßt besonders gut zu gegrilltem Fleisch, zu Würsten oder bayrischem Leberkäse.

Kartoffel-Pilz-Salat

Zutaten für 4 Personen:

- **800 g festkochende Kartoffeln**
- **Salz**
- **8 EL Fleischbrühe**
- **4 EL Weißweinessig**
- **schwarzer Pfeffer**
- **125 g Austernpilze**
- **125 g Egerlinge**
- **125 g Champignons**
- **1 kleine Zwiebel**
- **50 g durchwachsener Räucherspeck**
- **1 EL Öl**
- **1 TL Zitronensaft**
- **1 Bund Dill**
- **200 g saure Sahne**

Zubereitungszeit: 1 1/4 Std.
Pro Portion etwa:
1345 kJ / 320 kcal
12 g EW/ 15 g F/ 37 g KH

Aus Polen

1 Die Kartoffeln waschen und in einen Topf geben. Wasser angießen, salzen. Kartoffeln zugedeckt in 25–30 Min. gar kochen. Abgießen und etwas ausdämpfen lassen, dann schälen und in Würfel schneiden.

2 Die Brühe, den Essig, Salz und Pfeffer in einer Schüssel verrühren, die Kartoffeln darin wenden und 30 Min. ziehen lassen.

3 Inzwischen die Pilze putzen. Die Austernpilze in mundgerechte Stücke, die Egerlinge und Champignons in Scheiben schneiden. Alle Pilze leicht salzen. Die Zwiebel schälen und in feine Ringe teilen. Den Speck klein würfeln.

4 Das Öl in einer großen Pfanne erhitzen. Den Speck darin bei mittlerer Hitze kroß braten, herausheben und beiseite stellen. Die Zwiebel und die Pilze im heißen Speckfett unter Rühren 3–4 Min. dünsten, bis alle Flüssigkeit verdampft ist. Mit Salz, Pfeffer und Zitronensaft abschmecken. Die Pfanne vom Herd nehmen, die Mischung etwas abkühlen lassen.

5 Den Dill abbrausen, abzupfen und fein hacken. 2 EL davon zum Garnieren abnehmen, den Rest mit der sauren Sahne unter die Pilze rühren. Mit den Kartoffeln vermischen, mit Salz und Pfeffer kräftig abschmecken. Mit Dill und Speck garniert servieren. Am besten schmeckt er lauwarm.

Tip: Frische Wildpilze bringen mit ihrem kräftigem Geschmack noch mehr Aroma in den Salat. Verwenden Sie statt der Zuchtpilze z. B. Steinpilze, Maronen und Pfifferlinge. Die Pilze gründlich putzen, dann kleinschneiden und im Speckfett 8–10 Min. dünsten.

Zutaten für 4 Personen:

- 800 g festkochende Kartoffeln
- 1/8 l würzige Fleischbrühe (Instant)
- 2 Eier
- 120 g Brunnenkresse
- 1 Zwiebel
- 1 Apfel
- 2 frische Eigelbe
- 4 EL Kräuteressig
- 4 EL Öl
- Salz
- Pfeffer

Zubereitungszeit: 1 1/4 Std.
Pro Portion etwa:
845 kJ / 200 kcal
10 g EW/ 5 g F/ 30 g KH

Für die schlanke Linie

Kartoffelsalat mit Brunnenkresse und Ei

1 Die Kartoffeln waschen, Wasser angießen. Kartoffeln zugedeckt in 25–30 Min. gar kochen. Noch warm schälen und in Scheiben schneiden. Die Brühe aufkochen, über die Kartoffeln gießen und 20 Min. durchziehen lassen.

2 Die Eier in 8–10 Min. hart kochen. Die Brunnenkresse verlesen, gründlich waschen und grob zerschneiden. Die Zwiebel und den Apfel schälen, fein reiben und mit den beiden frischen Eigelben, dem Essig, Öl, Salz und Pfeffer gründlich verrühren.

3 Die gekochten Eier abschrecken, schälen und in kleine Würfel schneiden. Brunnenkresse und Eiwürfel locker unter die Kartoffeln mengen und den Salat mit der Marinade begießen. Nochmals leicht mischen und bis zum Servieren durchziehen lassen.

Dieser Salat schmeckt zu kaltem Geflügel, gebratener Fisch oder kleine Lammkoteletts.

Tip: Gut schmeckt der Salat auch mit einem Dressing aus Joghurt. Dafür 175 g Sahnejoghurt mit 4 EL Essig, 2 EL Öl, Salz, Pfeffer und 2 Prisen Zucker verrühren und über den vorbereiteten Salat gießen.

Zutaten für 4 Personen:

750 g kleine festkochende Kartoffeln
Salz
400 g kleine küchenfertige Tintenfische (frisch oder tiefgekühlt)
1 Möhre
1 Zwiebel
1 dünne Stange Lauch
1 Bund Petersilie
1 Lorbeerblatt
5 Pfefferkörner
1/2 l trockener Weißwein
2 Zweige Estragon
1 Handvoll Kerbel
2 TL kleine Kapern
1 TL Senf
1 EL Zitronensaft
100 ml kaltgepreßtes Olivenöl
schwarzer Pfeffer
50 g schwarze Oliven

Zubereitungszeit: 1 Std. 40 Min.
Pro Portion etwa:
2275 kJ / 545 kcal
21 g EW/ 26 g F/ 39 g KH

Läßt sich gut vorbereiten

Kartoffel-Tintenfisch-Salat

1 Die Kartoffeln waschen und in einen Topf geben. Salzwasser angießen, Kartoffeln in 25–30 Min. kochen. Abgießen und leicht abkühlen lassen, dann schälen und in Scheiben schneiden.

2 Die Tintenfische eventuell auftauen lassen, abbrausen und in mundgerechte Stücke schneiden.

3 Die Möhre und die Zwiebel schälen, den Lauch putzen und alles in dünne Scheiben schneiden. Das Gemüse mit 5 Zweigen Petersilie, Lorbeer, Pfefferkörnern und 1 TL Salz in einen Topf geben. Den Wein und 1/2 l Wasser angießen, aufkochen lassen, dann den Topf vom Herd nehmen und den Gemüsesud 10 Min. ziehen lassen.

4 Die Tintenfische in den Sud geben, aufkochen und darin bei schwacher Hitze 10 Min. leise köcheln lassen. Petersilienzweige und Lorbeerblatt herausnehmen. Die Kartoffelscheiben zu den Tintenfischen in den Sud geben und darin abkühlen lassen.

5 Inzwischen für die Sauce restliche Petersilie, Estragon und Kerbel abspülen, trockentupfen und zusammen mit den Kapern, Senf, Zitronensaft und 2 EL Fischsud mit dem elektrischen Handmixer gründlich pürieren. Dabei nach und nach das Öl unter ständigem Schlagen einlaufen lassen. Die Kräutermischung unterrühren, die Sauce mit Salz und Pfeffer abschmecken.

6 Die Kartoffelmischung gut abtropfen lassen, mit der Kräutersauce und den Oliven vermischen.

Als Getränk paßt ein kühler Weißwein oder ein Rosé aus Frankreich, z.B. ein Côtes de Provence.

Kartoffel-Thunfisch-Salat

Zutaten für 4–6 Personen:

750 g kleine festkochende Kartoffeln
Salz
4 Zweige frischer Oregano (ersatzweise 1 TL getrockneter)
3 EL Rotweinessig
schwarzer Pfeffer
6 EL kaltgepreßtes Olivenöl
1 große feste Tomate
1 kleine rote Zwiebel
1 Dose Thunfisch naturell (200 g Inhalt)
2 hartgekochte Eier
1/2 Bund Petersilie

Zubereitungszeit: 35 Min.
Bei 6 Personen pro Portion etwa:
920 kJ / 220 kcal
13 g EW / 9 g F / 22 g KH

Preiswert

1 Die Kartoffeln gründlich waschen, mit Wasser und Salz in 25–30 Min. gar, aber nicht zu weich kochen. Die Kartoffeln abschütten, schälen und abkühlen lassen.

2 Inzwischen Oregano waschen, Blättchen abzupfen. Mit Essig, Salz und Pfeffer verrühren, das Olivenöl gründlich unterschlagen.

3 Die Tomate waschen, vierteln, entkernen und in kleine Würfel schneiden. Die Zwiebel schälen und fein hacken. Den Thunfisch gut abtropfen lassen und zerpflücken. Tomate, Zwiebel und Thunfisch mischen und mit der Hälfte der Marinade verrühren.

4 Die Kartoffeln in Scheiben schneiden. Die Eier schälen und ebenfalls in Scheiben teilen. Kartoffel- und Eierscheiben kreisförmig überlappend auf einer runden Platte verteilen, mit Salz und Pfeffer würzen. Die übrige Sauce darüber träufeln. Die Thunfisch-Mischung in die Mitte häufen.

5 Die Petersilie abbrausen, trockenschwenken, Blättchen abzupfen, bis auf einige fein hacken. Vor dem Servieren über den Salat streuen. Mit den Petersilienblättchen garnieren.

Tip: Der Kartoffelsalat schmeckt noch intensiver, wenn Sie ihn vor dem Servieren 3–4 Std. abgedeckt im Kühlschrank durchziehen lassen. Ideal als Partysalat!

Zutaten für 4 Personen:

- 1 kg kleine festkochende Kartoffeln (möglichst gleich groß)
- 3 Schalotten
- je 1 Bund Petersilie, Sauerampfer und Basilikum
- 1 Kästchen Kresse
- 200 g saure Sahne
- 6 EL Zitronensaft
- 2 EL Öl
- Salz
- Pfeffer

Zubereitungszeit: 45 Min.
Pro Portion etwa:
1320 kJ / 315 kcal
7 g EW / 15 g F / 42 g KH

Gelingt leicht

Kräuter-Kartoffel-Salat

1 Die Kartoffeln waschen, in einen Topf geben und Wasser angießen. Zugedeckt in 25–30 Min. garen.

2 Die Schalotten schälen und fein hacken. Die Kräuter waschen, abzupfen, die Blättchen fein hacken.

3 Die Kartoffeln schälen, in Würfel schneiden und in eine Schüssel füllen. Die Schalotten mit den Kräutern dazugeben. Die Kresse abbrausen und die Blättchen über der Salatschüssel abschneiden.

4 Die saure Sahne mit dem Zitronensaft, dem Öl, Salz und Pfeffer gründlich verrühren. Die Sauce über die Salatzutaten gießen und vorsichtig mischen. 15 Min. durchziehen lassen. Nochmals abschmecken und nach Belieben nachwürzen.

Tip: Sie können zusätzlich 250 g Kirschtomaten waschen, halbieren und vor dem Servieren unter den Salat heben. Das sieht schön aus und schmeckt wunderbar frisch.

Als Getränk zu beiden Salaten paßt am besten Mineralwasser.

Kartoffelsalat mit Joghurt

1 Die Kartoffeln waschen und in der Schale in 25–30 Min. weich kochen. Etwas ausdämpfen lassen, noch lauwarm schälen und in Scheiben von 3 mm Dicke schneiden.

2 Den Joghurt mit dem Zitronensaft, dem Senf, Salz und Pfeffer zu einer Sauce rühren. Die Paprikaschote waschen, halbieren, putzen und in feine Streifen schneiden. Mit den Kartoffelscheiben unter die Sauce mischen.

3 Den Salat mit der Petersilie und dem Schnittlauch bestreuen. Tomaten waschen, vierteln und darauf oder daneben anrichten.

Tip: Noch bekömmlicher wird dieser Salat, wenn Sie die Paprikaschote im Ofen grillen und schälen. Wie das genau geht, können Sie auf Seite 98 nachlesen.

Zutaten für 4 Personen:

- 800 g festkochende Kartoffeln
- 500 g Joghurt
- Saft von 2 Zitronen
- 2 TL Senf (Dijon)
- Salz · Pfeffer
- 1 rote Paprikaschote
- 2 EL frisch gehackte Petersilie
- 1 EL Schnittlauchröllchen
- 4 Tomaten

Zubereitungszeit: 1 Std.
Pro Portion etwa:
990 kJ / 295 kcal
9 g EW / 5 g F / 43 g KH

Für die schlanke Linie

Zutaten für 4 Personen:
800 g kleine festkochende Kartoffeln
6 EL Zitronensaft
5 EL Öl
2 EL trockener Sherry
Salz
Pfeffer
1 Prise Cayennepfeffer
1 Schalotte
1 reife Avocado (etwa 300 g)
1 Bund Rucola
250 g gegarte geschälte Shrimps

Zubereitungszeit: 45 Min.
Pro Portion etwa:
1575 kJ / 375 kcal
18 g EW / 19 g F / 35 g KH

Für Gäste

Kartoffelsalat mit Rucola, Avocado und Shrimps

1 Die Kartoffeln waschen, in einen Topf geben und Wasser angießen. Zugedeckt in 25–30 Min. garen. Dann schälen, in Scheiben schneiden und in eine Schüssel füllen.

2 3 EL Zitronensaft mit dem Öl, dem Sherry, Salz, Pfeffer und Cayennepfeffer mit dem Schneebesen zu einer cremigen Sauce schlagen. Die Sauce über die Kartoffeln gießen, mischen und 15 Min. ziehen lassen.

3 Die Schalotte schälen, fein hacken und dazugeben. Die Avocado längs halbieren, den Kern entfernen und die Schale vorsichtig abziehen. Das Fruchtfleisch sofort mit dem restlichen Zitronensaft beträufeln, damit es sich nicht dunkel färbt. Die Avocadohälften erst in 3 Längsspalten, dann in 1/2 cm dicke Scheiben schneiden. Zu den Kartoffeln geben.

4 Den Rucola waschen, einige Rucolastiele zum Garnieren ganz lassen, Rest ohne Stiele in schmale Streifen schneiden. Zusammen mit den Shrimps unter den Kartoffelsalat mischen, nochmals abschmecken und eventuell nachwürzen. Mit Rucola garnieren.

Tips: Dieser Salat ist besonders gut als Vorspeise geeignet und reicht dann für 6 Personen. Auf einem Blattsalatbett angerichtet, sieht er sehr schön und appetitlich aus.

Statt der Shrimps können Sie 300 g Kasseler in kleinen Würfeln unter den Salat mischen.

Rezept- und Sachregister

A

Aargauer Topf 58
Aargauer Topf auf leichte Art (Variante) 58
Äpfel
Aargauer Topf 58
Himmel und Erde 75
Karamelisierte Kartoffeln 129
Kartoffel-Apfel-Gratin (Variante) 128
Kartoffelpuffer mit Apfel, Zwiebeln und Schnittlauchsauce 78
Kartoffelsalat mit Brunnenkresse und Ei 135
Aprikosen: Marillenknödel (Variante) 65
Artischocken
Babyartischocken-Kartoffelpfanne 73
Kartoffelstrudel mit Artischocken 107
Safrankartoffeln mit Fisch 53
Auberginen
Indische Kartoffeln mit Auberginen (Variante) 52
Scharfes Kartoffel-Auberginen-Gemüse 52
Auflauf
Kartoffel-Fisch-Auflauf mit Spinat 96
Kartoffel-Hackfleisch-Auflauf 94
Provenzalischer Kartoffelauflauf 95
Avocado
Kartoffel-Paprika-Suppe mit Avocado 36
Kartoffelsalat mit Rucola, Avocado und Shrimps 139

B

Babyartischocken-Kartoffelpfanne 73
Backkartoffeln mit Garnelen (Variante) 104
Baked Potatoes mit grüner Sauce 104
Batate (Warenkunde) 17
Batate: Fritierte Süßkartoffelbällchen 87
Bayerische Knödel mit Kraut 61
Bechamelkartoffeln 117
Blechkartoffeln (Grundrezept) 24
Blutwurst-Gröstl (Variante) 74
Böhmische Zwetschgenknödel 65
Bratkartoffeln 120
Bratkartoffeln aus gegarten Kartoffeln (Grundrezept) 24
Bratkartoffeln aus rohen Kartoffeln (Grundrezept) 24
Brunnenkresse
Kalte Kartoffelsuppe mit Brunnenkresse 30
Kartoffelsalat mit Brunnenkresse und Ei 135

C/D

Champignons
Jägerkartoffeln 121
Kartoffelpfanne mit Champignons 70
Crème Vichyssoise 30
Crêpes: Gefüllte Kartoffelcrêpes 85
Deftiger Kartoffelsalat mit Radieschen 133
Dillkartoffeln 116

E

Eier
Baked Potatoes mit grüner Sauce 104
Kartoffelsalat mit Brunnenkresse und Ei 135
Kartoffel-Thunfisch-Salat 137
Einfache Kartoffelküchlein (Variante) 90
Eintopf
Kartoffeleintopf mit Lamm 50
Nordischer Kartoffeleintopf 59
Endivien-Kartoffel-Püree 125

F

Fenchel: Kartoffel-Lamm-Ragout mit Fenchel 55
Festkochende Kartoffeln (Warenkunde) 15
Fisch
Fritierte Süßkartoffelbällchen 87
Kartoffel-Fisch-Auflauf mit Spinat 96
Kartoffeln nach Marseiller Art 54
Kartoffelpizza mit Thunfisch 109
Kartoffel-Thunfisch-Salat 137
Kartoffel-Tintenfisch-Salat 136
Nordischer Kartoffeleintopf 59
Safrankartoffeln mit Fisch 53
Folienkartoffeln (Grundrezept) 24
Fritierte Süßkartoffelbällchen 87
Frühlingskartoffeln mit Quark 48

G

Galetten: Kartoffelgaletten mit Räucherlachs 45
Garnelen
Backkartoffeln mit Garnelen (Variante) 104
Grüne Spargel-Tortilla mit Garnelen 44
Kartoffelcremesuppe mit Zuckerschoten und Garnelen 34
Geflügel: Sauerkrautgratin mit Geflügel 99
Gefüllte Kartoffelcrêpes 85
Gefüllte Kartoffeln 102
Gefüllte Puffer 77
Gegrillte Pfefferkartoffeln 118
Gnocchi: Steinpilz-Gnocchi mit Tomatensugo 62
Gratin
Kartoffel-Apfel-Gratin (Variante) 128
Kartoffelgratin 128
Kartoffel-Möhren-Gratin mit Sesamsahne 97
Kartoffel-Schalotten-Gratin 97
Kartoffel-Tomaten-Gratin 98
Sauerkrautgratin mit Geflügel 99
Zucchini-Gratin (Variante) 128
Gröstl
Blutwurst-Gröstl (Variante) 74
Tiroler Gröstl 74
Grüne Kartoffelsuppe 33
Grüne Spargel-Tortilla mit Garnelen 44
Grünes Kartoffel-Gemüse-Ragout 49
Gurken: Kartoffel-Gurken-Salat 132

H

Hackfleisch
Kartoffel-Hackfleisch-Auflauf 94
Kartoffeltortilla mit Paprika und Hackfleischsauce 84
Kartoffel-Zucchini-Moussaka 100
Herzhafte Möhren-Tortilla (Variante) 44
Herzoginkartoffeln (Grundrezept) 25
Himmel und Erde 75
Hörnchen: Kartoffelhörnchen (Variante) 122
Huhn
Kartoffel-Gemüse-Ragout mit Huhn (Variante) 49
Kartoffel-Hähnchen mit Raki 105
Kartoffelpfanne mit Hühnerbrust und Spinat 71
Würziger Kartoffeltopf mit Linsen 57

I/J

Indische Kartoffeln mit Auberginen (Variante) 52
Jägerkartoffeln 121

K

Kalte Kartoffelsuppe mit Brunnenkresse 30
Kanarische Salzkartoffeln mit roter Mojo 119
Karamelisierte Kartoffeln 129
Kartoffel-Apfel-Gratin (Variante) 128
Kartoffelcremesuppe mit Zuckerschoten und Garnelen 34
Kartoffeleintopf mit Lamm 50
Kartoffel-Fisch-Auflauf mit Spinat 96
Kartoffelgaletten mit Räucherlachs 45
Kartoffel-Gemüse-Ragout mit Huhn (Variante) 49
Kartoffelgratin 128
Kartoffel-Gurken-Salat 132
Kartoffel-Hackfleisch-Auflauf 94
Kartoffel-Hähnchen mit Raki 105
Kartoffelhörnchen (Varinate) 122
Kartoffelklöße (Grundrezept) 22
Kartoffel-Knoblauch-Creme 38
Kartoffelkuchen aus Mürbeteig (Variante) 110
Kartoffelkuchen vom Blech 112
Kartoffelküchlein (Variante) 127
Kartoffelküchlein mit Salat 83
Kartoffel-Lamm-Ragout mit Fenchel 55
Kartoffel-Lauch-Kuchen 108
Kartoffel-Masala-Curry 56
Kartoffel-Möhren-Gratin mit Sesamsahne 97
Kartoffeln aus dem Wok 91
Kartoffeln mit Räucherlachs 103
Kartoffeln mit Spinat und Käse 103

Kartoffeln mit Wirsing 103
Kartoffeln nach Bündner Art 90
Kartoffeln nach Marseiller Art 54
Kartoffeln pressen und stampfen 20
Kartoffeln reiben und raspeln 20
Kartoffeln schälen und putzen 19
Kartoffeln schneiden und würfeln 19
Kartoffeln waschen 19
Kartoffel-Obazda 38
Kartoffel-Paprika-Suppe mit Avocado 36
Kartoffelpfännchen mit Ziegenkäse 43
Kartoffelpfanne mit Champignons 70
Kartoffelpfanne mit Hühnerbrust und Spinat 71
Kartoffel-Pilz-Salat 134
Kartoffel-Piroschki mit Pilzen 86
Kartoffelpizza mit Thunfisch 109
Kartoffelplätzchen 122
Kartoffelplotz 111

Kartoffelpuffer
- Gefüllte Puffer 77
- Kartoffelpuffer 76
- Kartoffelpuffer mit Apfel, Zwiebel und Schnittlauchsauce 78
- Kartoffel-Zwiebel-Puffer mit Lachs 77
- Kleine Zucchini-Kartoffel-Puffer 77

Kartoffelpüree (Grundrezept) 21
Kartoffelpüree mit Schnittlauch 124
Kartoffelsalat mit Brunnenkresse und Ei 135
Kartoffelsalat mit Joghurt 138
Kartoffelsalat mit Rucola, Avocado und Shrimps 139
Kartoffel-Schalotten-Gratin 97
Kartoffel-Speck-Kuchen 110
Kartoffelstrudel mit Artischocken 107
Kartoffelstrudel mit Kirschen 113

Kartoffelsuppe
- Grüne Kartoffelsuppe 33
- Kalte Kartoffelsuppe mit Brunnenkresse 30
- Kartoffelsuppe Großmutterart (Variante) 33
- Kartoffelsuppe mit Lachs 35
- Kartoffelsuppe mit Steinpilzen 31
- Tomaten-Kartoffel-Suppe 37
- Tomaten-Kartoffel-Suppe mit Paprika (Variante) 37
- Vogtländische Kartoffelsuppe mit Würstchen 32

Kartoffel-Tapa mit scharfer Tomatensauce 39
Kartoffel-Thunfisch-Salat 137
Kartoffel-Tintenfisch-Salat 136
Kartoffel-Tomaten-Gratin 98
Kartoffeltopf mit pikanter Weißweinsauce (Variante) 59
Kartoffeltortillas mit Paprika und Hackfleischsauce 84
Kartoffel-Wurst-Omelett 82
Kartoffel-Zucchini-Moussaka 100
Kartoffel-Zwiebel-Puffer mit Lachs 77

Käse
- Kartoffeln mit Spinat und Käse 103
- Kartoffeln mit Wirsing 103
- Kartoffelpfännchen mit Ziegenkäse 43
- Käsekartoffeln (Variante) 123
- Savoyer Käsekartoffeln 101

Kirschen: Kartoffelstrudel mit Kirschen 113
Klassischer Kartoffelsalat 132
Kleine Zucchini-Kartoffel-Puffer 77

Klöße
- Kartoffelklöße (Grundrezept) 22
- Thüringer Klöße 131

Knödel
- Bayerische Knödel mit Kraut 61
- Böhmische Zwetschgenknödel 65
- Marillenknödel (Variante) 65
- Südtiroler Knödelchen in Salbeibutter 63
- Thüringer Klöße 131

Korianderkartoffeln (Variante) 116
Kroketten (Grundrezept) 25
Korsische Kartoffelpfanne 72
Kraut: Bayerische Knödel mit Kraut 61

Kräuter
- Baked Potatoes mit grüner Sauce 104
- Frühlingskartoffeln mit Quark 48
- Gefüllte Kartoffeln 102
- Kräuter-Kartoffel-Salat 138
- Kräuter-Kartoffel-Soufflés auf Tomatensauce 41
- Kräuterkartoffeln vom Blech 123
- Neue Kartoffeln mit Kräutercreme 48

Kroketten nach Großmutterart 127
Kuchen: Kartoffelkuchen vom Blech 112

Küchlein
- Einfache Kartoffelküchlein (Variante) 90
- Kartoffelküchlein (Variante) 127
- Kartoffelküchlein mit Salat 83

L

Lachs
- Kartoffelgaletten mit Räucherlachs 45
- Kartoffeln mit Räucherlachs 103
- Kartoffelsuppe mit Lachs 35
- Kartoffel-Zwiebel-Puffer mit Lachs 77

Lamm
- Kartoffeleintopf mit Lamm 50
- Kartoffel-Lamm-Ragout mit Fenchel 55

Lauch
- Crème Vichyssoise 30
- Gefüllte Kartoffelcrêpes 85
- Grüne Kartoffelsuppe 33
- Grünes Kartoffel-Gemüse-Ragout 49
- Kartoffel-Lauch-Kuchen 108
- Kartoffeleintopf mit Lamm 50
- Kartoffeln nach Marseiller Art 54
- Nordischer Kartoffeleintopf 59

Linsen: Würziger Kartoffeltopf mit Linsen 57

M/N

Majorankartoffeln (Variante) 116
Marillenknödel (Variante) 65
Mehligkochende Kartoffeln (Warenkunde) 17

Mikrowelle
- Pellkartoffeln 23
- Salzkartoffeln 23

Mohnnudeln 67

Möhren
- Gefüllte Kartoffelcrêpes 85
- Herzhafte Möhren-Tortilla (Variante) 44
- Kartoffel-Möhren-Gratin mit Sesamsahne 97
- Kartoffeleintopf mit Lamm 50
- Möhren-Rösti 79
- Pichelsteiner 60
- Provenzalischer Kartoffelauflauf 95

Moussaka: Kartoffel-Zucchini-Moussaka 100
Neue Kartoffeln mit Kräutercreme 48
Nordischer Kartoffeleintopf 59

O/P

Oliven
- Korsische Kartoffelpfanne 72
- Kräuterkartoffeln vom Blech 123

Omelett: Kartoffel-Wurst-Omelett 82

Paprikaschoten
- Kartoffeln aus dem Wok 91
- Kartoffel-Paprika-Suppe mit Avocado 36
- Kartoffelsalat mit Joghurt 138
- Kartoffel-Tomaten-Gratin 98
- Kartoffeltortilla mit Paprika und Hackfleischsauce 84
- Rotes Paprika-Kartoffel-Püree 125
- Spanische Kartoffelpfanne 72
- Tomaten-Kartoffel-Suppe mit Paprika (Variante) 37

Pellkartoffeln (Grundrezept) 21
Pellkartoffeln (Mikrowelle) 23
Pellkartoffeln (Schnellkochtopf) 22
Pfifferlinge: Rösti mit Pfifferlingen 42
Pichelsteiner 60

Pilze
- Kartoffel-Pilz-Salat 134
- Kartoffel-Piroschki mit Pilzen 86

Pizza: Kartoffelpizza mit Thunfisch 109
Pommes frites (Grundrezept) 25
Pommes frites 126
Pommes frites schneiden 20
Powidltascherln 66
Pressen: Kartoffeln pressen und stampfen 20
Provenzalische Kartoffeln 121
Provenzalischer Kartoffelauflauf 95

Püree
- Endivien-Kartoffel-Püree 125
- Kartoffelpüree (Grundrezept) 21
- Kartoffelpüree mit Schnittlauch 124
- Rotes Paprika-Kartoffel-Püree 125
- Würziges Kartoffelpüree 125

Putzen: Kartoffeln schälen und putzen 19

Q/R

Quark
- Frühlingskartoffeln mit Quark 48
- Gefüllte Puffer 77
- Kartoffelküchlein mit Salat 83

Radieschen: Deftiger Kartoffelsalat mit Radieschen 133

Raspeln: Kartoffeln reiben und raspeln 20
Räucherlachs
Kartoffel-Zwiebel-Puffer mit Lachs 77
Kartoffelgaletten mit Räucherlachs 45
Kartoffeln mit Räucherlachs 103
Reiben: Kartoffeln reiben und raspeln 20
Rosmarinkartoffeln 121
Rösti
Möhren-Rösti 79
Rösti klassisch 81
Rösti mit Pfifferlingen 42
Rotes Paprika-Kartoffel-Püree 125
Rucola: Kartoffelsalat mit Rucola, Avocado und Shrimps 139

S

Safrankartoffeln 118
Safrankartoffeln mit Fisch 53
Salat
Deftiger Kartoffelsalat mit Radieschen 133
Kartoffel-Gurken-Salat 132
Kartoffel-Pilz-Salat 134
Kartoffelküchlein mit Salat 83
Kartoffelsalat mit Brunnenkresse und Ei 135
Kartoffelsalat mit Joghurt 138
Kartoffelsalat mit Rucola, Avocado und Shrimps 139
Kartoffel-Thunfisch-Salat 137
Kartoffel-Tintenfisch-Salat 136
Klassischer Kartoffelsalat 132
Kräuter-Kartoffel-Salat 138
Salzkartoffeln (Grundrezept) 21
Salzkartoffeln (Mikrowelle) 23
Salzkartoffeln (Schnellkochtopf) 22
Sauerkraut
Bayerische Knödel mit Kraut 61
Kartoffel-Hackfleisch-Auflauf 94
Sauerkrautgratin mit Geflügel 99
Savoyer Käsekartoffeln 101
Schälen: Kartoffeln schälen und putzen 19
Schalotten: Kartoffel-Schalotten-Gratin 97
Scharfes Kartoffel-Auberginen-Gemüse 52
Schneiden: Kartoffeln schneiden und würfeln 19
Schnelle Kartoffelsuppe (Schnellkochtopf) 23
Schnellkochtopf
Pellkartoffeln 22
Salzkartoffeln 22
Schnelle Kartoffelsuppe 23
Schupfnudeln 89
Sesam: Kartoffel-Möhren-Gratin mit Sesamsahne 97
Shrimps: Kartoffelsalat mit Rucola, Avocado und Shrimps 139
Soufflé: Kräuter-Kartoffel-Soufflés auf Tomatensauce 41
Spanische Kartoffelpfanne 72
Spargel: Grüne Spargel-Tortilla mit Garnelen 44
Speck
Aargauer Topf 58
Deftiger Kartoffelsalat mit Radieschen 133
Endivien-Kartoffel-Püree 125
Kartoffel-Lauch-Kuchen 108
Kartoffel-Pilz-Salat 134
Kartoffel-Speck-Kuchen 110
Kartoffelkuchen aus Mürbeteig (Variante) 110
Kartoffeln mit Wirsing 103
Savoyer Käsekartoffeln 101
Spinat
Kartoffel-Fisch-Auflauf mit Spinat 96
Kartoffeln mit Spinat und Käse 103
Kartoffelpfanne mit Hühnerbrust und Spinat 71
Stampfen: Kartoffeln pressen und stampfen 20
Steinpilz-Gnocchi mit Tomatensugo 62
Steinpilze: Kartoffelsuppe mit Steinpilzen 31
Strudel
Kartoffelstrudel mit Artischocken 107
Kartoffelstrudel mit Kirschen 113
Südtiroler Knödelchen in Salbeibutter 63
Suppe: Schnelle Kartoffelsuppe (Schnellkochtopf) 23
Süßkartoffel: Fritierte Süßkartoffelbällchen 87

T

Thunfisch
Kartoffel-Thunfisch-Salat 137
Kartoffelpizza mit Thunfisch 109
Thüringer Klöße 131
Tintenfisch: Kartoffel-Tintenfisch-Salat 136
Tiroler Gröstl 74
Tomaten
Babyartischocken-Kartoffelpfanne 73
Fritierte Süßkartoffelbällchen 87
Kartoffel-Tapa mit scharfer Tomatensauce 39
Kartoffel-Tomaten-Gratin 98
Kartoffel-Zucchini-Moussaka 100
Kartoffeln nach Marseiller Art 54
Kartoffelpizza mit Thunfisch 109
Kartoffelplotz 111
Kartoffelsalat mit Joghurt 138
Kräuter-Kartoffel-Soufflés auf Tomatensauce 41
Provenzalischer Kartoffelauflauf 95
Scharfes Kartoffel-Auberginen-Gemüse 52
Steinpilz-Gnocchi mit Tomatensugo 62
Tomaten-Kartoffel-Suppe 37
Tomaten-Kartoffel-Suppe mit Paprika (Variante) 37
Würziges Kartoffelpüree 125
Topinambur (Warenkunde) 17
Tortilla
Grüne Spargel-Tortilla mit Garnelen 44
Herzhafte Möhren-Tortilla (Variante) 44
Kartoffeltortillas mit Paprika und Hackfleischsauce 84

U/V/W

Ungarisches Kartoffelgulasch 51
Vogtländische Kartoffelsuppe mit Würstchen 32
Vorwiegend festkochende Kartoffeln (Warenkunde) 16
Wirsing
Kartoffeln mit Wirsing 103
Pichelsteiner 60
Würfeln: Kartoffeln schneiden und würfeln 19
Wurst
Himmel und Erde 75
Kartoffel-Speck-Kuchen 110
Kartoffel-Wurst-Omelett 82
Vogtländische Kartoffelsuppe mit Würstchen 32
Würziger Kartoffeltopf mit Linsen 57
Würziges Kartoffelpüree 125

Y/Z

Yamswurzel (Warenkunde) 17
Ziegenkäse: Kartoffelpfännchen mit Ziegenkäse 43
Zucchini
Grünes Kartoffel-Gemüse-Ragout 49
Kartoffel-Zucchini-Moussaka 100
Kartoffelplotz 111
Kleine Zucchini-Kartoffel-Puffer 77
Zucchini-Gratin (Variante) 128
Zuckerschoten
Grünes Kartoffel-Gemüse-Ragout 49
Kartoffelcremesuppe mit Zuckerschoten und Garnelen 34
Zwetschgen: Böhmische Zwetschgenknödel 65
Zwetschgenmus: Powidltascherln 66
Zwiebeln
Jägerkartoffeln 121
Kartoffel-Zwiebel-Puffer mit Lachs 77
Kartoffelpuffer mit Apfel, Zwiebeln und Schnittlauchsauce 78

KÜCHENDOLMETSCHER

Deutschland	Österreich	Schweiz
Aubergine	Eierfrucht, Melanzane	Aubergine
Blumenkohl	Karfiol	Blumenkohl
Brötchen	Semmeln	Brödli
Chilischoten	Pfefferoni	Gewürzpaprika
Eigelb	Eidotter	Eigelb
Eiweiß	Eiklar	Eiweiß
Hackfleisch	Faschiertes	Hackfleisch
Kartoffeln	Erdäpfel	Kartoffeln
Klößchen	Nockerln	Möckli/Chügeli
Lauch, Porree	Porree	Lauch
Möhren (länglich)	Karotten	Rüebli
Möhren (rund)	Karotten	Möhrli
Meerrettich	Kren	Meerrettich
Paniermehl	Semmelbrösel	Paniermehl
Paprikaschoten	Paprika	Peperoni
Pellkartoffeln	Erdäpfel in der Schale	Gschwellti
Pfifferlinge	Eierschwammerl	Eierschwämme
Pilze	Schwammerln	Pilze
Quark	Topfen	Quark
Rosenkohl	Kohlsprossen	Rosenkohl
Rotkohl	Blaukraut/Rotkraut	Rotkabis
Sahne, saure	saurer Rahm	Sauerrahm
Sahne, süße	Obers, süßer Rahm	Rahm
Schmand	dicker saurer Rahm	dicker saurer Rahm
Stielmangold	Stielmangold	Krautstiel
Suppengrün	Wurzelwerk	Suppengrün
Tomate	Paradeiser	Tomate
Walnüsse	Baumnüsse, Walnüsse	Baumnüsse
Weißkohl	Weißkraut	Weißkabis
Wirsing	Kohl	Wirz
Zucchini	Zucchini	Zucchini/Zucchetti
Zuckerschote	Erbsenschote	Kefe

Impressum

Die Autoren

Cornelia Adam
Nach ihrer Ausbildung zur Hotelfachfrau verbrachte sie mehrere Jahre im Ausland, um Sprachen und Landesküchen zu »studieren«. Danach war sie mehrere Jahre Mitarbeiterin bei einer bekannten Frauenzeitschrift, in Versuchsküche und Redaktion. Inzwischen ist sie eine erfolgreiche Kochbuchautorin, die sich mit ihren unkomplizierten, schnellen Rezepten einen Namen gemacht hat.

Marianne Kaltenbach
Die Schweizer Erfolgsautorin kennt die Küche ihrer Heimat so gut wie die aller europäischer Länder. Seit über 20 Jahren schreibt sie Kochbücher und behandelt als gastronomische Journalistin am liebsten Themen der praxisnahen, aber unbedingt gehobenen Küche – ideal für die Bewirtung von Gästen. Außer für Buchverlage schreibt sie für bekannte Schweizer Zeitschriften. Ihr Schwerpunkt in diesem Buch sind Rezepte für Gäste und besondere Anlässe.

Martina Kittler
Nach dem Ökotrophologie- und Sportstudium machte sie ihre Leidenschaft Kochen zum Beruf. Fast acht Jahre lang arbeitete sie in der Redaktion der größten deutschen Kochzeitschrift. Seite 1991 schreibt sie freiberuflich Bücher und Artikel für Zeitschriften. Ihre Schwerpunkte: moderne und gesunde Ernährung, sowie schnelle und unkomplizierte Rezepte für jeden Tag – ihre Spezialgebiete für dieses Buch.

Gudrun Ruschitzka
Die gebürtige Sächsin hat ihre berufliche Laufbahn mit einem Facharbeiterbrief als Köchin begonnen. Nach Bibliothekarschule und Kunstgeschichte-Studium arbeitete sie in München bei einem international anerkannten Party-Service. Ihre Stärke: unkomplizierte Rezepte, die sich gut für viele Gäste eignen.

Annette Heisch
Optimale Qualität und sorgfältigste Behandlung von Lebensmitteln liegen ihr am Herzen. Im Laufe ihres Ökotrophologie-Studiums eignete sie sich das theoretische Wissen an, praktische Erfahrungen sammelte sie während ihrer Redaktionstätigkeit bei großen Frauenzeitschriften sowie in der eigenen Versuchsküche. Seit 1995 ist sie als freie Journalistin und Kochbuchautorin tätig. Ihr Thema in diesem Buch: Warenkunde und Küchentechnik.

Die Fotografen

Michael Brauner, Food Fotografie
Nach Abschluß der Fotoschule in Berlin arbeitete er als Fotoassistent bei namhaften Fotografen in Frankreich und Deutschland und machte sich dann 1984 selbständig. Sein individueller, atmosphärereicher Stil wird überall geschätzt: in der Werbung ebenso wie in vielen bekannten Verlagen. In seinen Studios in Karlsruhe und Gordes (Provence) setzt er die Rezepte zahlreicher GU-Titel stimmungsvoll ins Bild.

Studio und Archiv für Foodfotografie Teubner
Das von Christian Teubner 1962 gegründete Unternehmen genießt international größtes Ansehen. Christian Teubner – Fotograf, Koch und Gourmet – hat auf unzähligen Reisen durch alle Kontinente das Wesen der Landesküchen kennengelernt. In seinem Studio wird dieses Wissen in hochwertige Profi-Bücher umgesetzt. Besonderes Augenmerk legt er dabei auf die naturgetreue Wiedergabe der verwendeten Produkte. Das Fotoarchiv umfaßt eine der größten Sammlungen an warenkundlichen Aufnahmen weltweit.

Die Temperaturstufen bei Gasherden variieren von Hersteller zu Hersteller. Welche Stufe Ihres Herdes der jeweils angegebenen Temperatur entspricht, entnehmen Sie bitte der Gebrauchsanweisung.

Redaktion: Katharina Lisson, Sabine Sälzer
Lektorat: Cornelia Schinharl
Beratung: Otmar Eicher
Versuchsküche: Ursula Eicher, Traute Hatterscheid, Marianne Obermayr
Typografie: Kraxenberger Kommunikation
Herstellung: Johannes Kojer
Produktion: Jürgen Bischoff
Titel, Innentitel, Tabellenfotos, Kapitelaufmacher, Rezeptfotos und Warenkundefotos Seite 14; 15 und Küchentechnikfotos Seite 22 (4; außer Kartoffel auf der Gabel); 23 (4); 24 (Kartoffeln auf dem Küchentuch): Michael Brauner
Sonstige Bilder:
Studio und Archiv für Foodfotografie Teubner
Großes Rückseitenbild:
Wolf Heider - Sawall

Satz: L & G 1000 GmbH, München
Repro: Fotolitho Longo, Bozen
Gesamtherstellung: BAWA Print & Partner GmbH
ISBN 3-7742-3582-1

Printed in Austria

Auflage 7. 6. 5. 4. 3. 2.
Jahr 2001 2000 99

Umschlag-Vorderseite:
Pellkartoffeln schmecken mit den verschiedensten Saucen, z. B. Kräutercreme Seite 48
Umschlag-Rückseite (von oben nach unten): Tomaten-Kartoffel-Suppe (Rezept Seite 37), Kartoffelpuffer (Rezept Seite 76), Südtiroler Knödelchen in Salbeibutter (Rezept Seite 63)

Alle Aufnahmen entstanden auf Agfachrome 100 RS